Nicholas BOOTHMAN

TOUT SE JOUE EN MOINS DE 2 MINUTES

•MARABOUT•

Titre original : *How to make people like you in 90 secondes or less.*

Traduction : Pascal Guy, avec la collaboration de Claire Rouyer

SOMMAIRE

Préface 7

PREMIÈRE PARTIE
LE PREMIER CONTACT

1. Le pouvoir des autres 12
2. Premières impressions 21

DEUXIÈME PARTIE
MOINS DE 2 MINUTES POUR UN CONTACT

3. Il y a quelque chose chez cette personne que j'aime vraiment beaucoup 34
4. Tout est dans l'attitude 41
5. L'action est plus parlante que les mots 50
6. Qui se ressemble s'assemble 64

TROISIÈME PARTIE
LES SECRETS DE LA COMMUNICATION

7. Parler est une chose, écouter en est une autre . . . 84
8. Donner un sens à nos sens 106
9. Repérer les sens dominants 119
10. Rassemblez vos atouts 143

PRÉFACE

Le «secret» du succès est bien plus simple qu'on pourrait le croire : mieux vous saurez communiquer avec les autres, plus vous verrez la vie en rose.

C'est durant ma carrière de photographe de mode et de publicité que j'ai découvert les secrets de la bonne entente. Que je me sois retrouvé face à un mannequin pour une page de *Vogue* ou à quatre cents personnes à bord d'un paquebot norvégien pour faire la promotion d'une croisière, j'ai toujours considéré la photographie plus comme une affaire de communication que d'appareil photo. De la même façon, que la séance ait eu lieu dans le hall du *Ritz* de San Francisco ou dans une case délabrée au pied d'une montagne africaine n'a jamais rien changé aux données fondamentales du problème : établir une relation avec autrui est un principe universel.

Aussi loin que je m'en souvienne, j'ai toujours eu un bon contact avec les gens. Est-ce un don ? A-t-on besoin d'une sorte de talent naturel pour s'entendre avec ses semblables ? Ou est-ce une chose qui naît de l'expérience ? Et dans ce dernier cas, peut-on l'enseigner ? J'ai décidé d'en savoir plus.

Les vingt-cinq ans que j'ai passés à prendre des photos aux quatre coins du monde pour divers magazines m'ont appris que la force d'une impression visuelle repose avant tout sur l'attitude et le langage corporel. En effet, les publicités dans les magazines doivent capter l'attention du lecteur en moins de deux secondes. J'ai également été amené par mon métier de photographe à utiliser mon expression corporelle et ma voix afin de mettre en confiance et de rendre coopératifs de parfaits inconnus. La troisième chose que mon métier m'a montrée est que quelques mots bien choisis peuvent influencer l'expression, l'humeur et les gestes de nombreuses personnes. Fort de ces constatations, j'ai poussé la recherche un peu plus loin.

Pourquoi est-il plus facile de s'entendre avec certaines personnes qu'avec d'autres ? Pourquoi puis-je avoir une conversation intéressante avec une personne que je viens de rencontrer et que quelqu'un d'autre pourra trouver ennuyeuse ou antipathique ? Il se passe certainement quelque chose que notre conscience ne peut percevoir, mais quoi ?

J'en étais là de mes réflexions quand je suis tombé sur les travaux des docteurs Richard Bandler et John Grinder, de l'université de Los Angeles. Ceux-ci portaient le nom étrange de «Programmation neuro-linguistique», PNL pour faire court. Les deux hommes et leurs collègues avaient analysé bon nombre de comportements que j'avais eus naturellement en tant que photographe et les avaient réunis sous le qualificatif d'«art et science de l'excellence personnelle». Parmi de nombreuses analyses pertinentes, ils révélaient que chacun dispose d'un sens dominant. Trouver ce sens chez les autres, c'est trouver la clé qui vous ouvrira leur cœur et leur esprit.

Ma voie toute tracée, je mis de côté mon appareil photo pour comprendre comment les gens fonctionnent de l'intérieur et saisir toutes les subtilités liées à leur apparence. Durant les années qui suivirent, j'ai étudié avec le docteur Bandler à Londres et New York, et j'ai obtenu un diplôme de maître praticien en PNL. J'ai entrepris des recherches sur les schémas du langage inconscient aux États-Unis, au Canada et en Angleterre, et sur les parties du cerveau qui interviennent dans les relations humaines. J'ai travaillé avec des acteurs, des comédiens et des professeurs d'art dramatique en Amérique, et avec des conteurs en Afrique pour mettre au point des exercices d'improvisation visant à améliorer les techniques de conversation.

Depuis, j'ai donné des séminaires et des conférences dans le monde entier devant un public extrêmement varié : des commerciaux, des enseignants, des chefs d'entreprise qui pensaient tout savoir, et des enfants si timides qu'on aurait pu les croire attardés. Une chose m'est clairement apparue : se faire apprécier en moins de 2 minutes peut être enseigné facilement à n'importe qui.

Combien de fois m'a-t-on dit : «Nick, c'est incroyable ! Pourquoi n'écris-tu pas un bouquin ?»

Eh bien, c'est chose faite.

— Première partie —

Le premier contact

Chapitre 1

Le pouvoir des autres

Savoir communiquer est une chose précieuse. Que ce soit pour obtenir un poste, une promotion, réussir une vente, séduire, gagner l'attention d'un groupe ou plaire à ses futurs beaux-parents, quand on est apprécié, la moitié du chemin est faite. Les autres sont votre principal atout. Ils vous donnent naissance, vous nourrissent, vous habillent, vous financent, vous font rire ou pleurer ; ils vous réconfortent, vous soignent, font prospérer vos affaires, garent votre voiture et vous mettent en terre. On ne peut vivre sans eux, on ne peut même pas mourir sans eux.

Communiquer, c'est ce que faisaient nos ancêtres il y a des milliers d'années lorsqu'ils se rassemblaient autour du feu pour déguster de succulents steaks de mammouth ou pour confectionner le dernier cri du vêtement en peau de bête. C'est ce que nous faisons aujourd'hui à l'occasion de nos tournois de golf, de nos conférences ou pendant nos heures de travail. Cela fait partie de nos rituels culturels les plus sérieux comme les plus futiles, des mariages aux enterrements, des conférences sur les poupées Barbie aux concours de mangeurs de spaghetti. Même les artistes et les poètes les plus marginaux, qui s'isolent du monde des mois durant pour se consacrer à leur art, espèrent toucher un public au travers de leurs créations. La communication est au cœur des trois piliers de notre civilisation démocratique : le gouvernement, la religion et… la télévision. Oui, j'ai bien dit la télévision. Il convient en effet de souligner le rôle crucial que joue le petit écran pour rapprocher les occupants de la planète : des habitants de Berlin ou de Brisbane sauront immédiatement de quoi vous parlez si vous évoquez devant eux *Friends* ou *X-Files.*

Dans chaque domaine de notre vie, nous subissons l'influence de milliers de personnes, qu'il s'agisse du présentateur de la météo à la télévision, du technicien de la compagnie du téléphone ou de l'agriculteur qui, à l'autre bout du monde, cueille le thé de notre petit déjeuner. Chaque jour, volontairement ou non, nous établissons des relations avec nos semblables dans le monde entier.

LES AVANTAGES DE LA COMMUNICATION

Notre évolution personnelle (et celle des sociétés) résulte des rapports que nous tissons avec les autres, que le terme «autres» désigne un groupe de jeunes guerriers partant à la chasse ou des collègues se ruant sur la pizzeria la plus proche en sortant du bureau un vendredi. En tant qu'espèce, nous sommes poussés par notre instinct à nous rassembler et à former des groupes d'amis, des associations et des communautés. Sans ces groupes, nous ne pourrions pas exister.

Communiquer pour augmenter son espérance de vie

Notre matière grise excelle à établir des contacts. Nos sens nous apportent l'information que notre cerveau analyse par associations, et grâce à ces associations, nous profitons de nos connaissances. Notre cerveau s'épanouit en communiquant.

Nous sommes comme lui. Il est scientifiquement prouvé que les gens qui savent communiquer vivent plus longtemps. Dans un livre passionnant, *Keep your Brain Alive*, Lawrence Katz et Manning Rubin ont repris les études de la McArthur Foundation, de l'International Longevity Center de New York et de l'université de Californie du Sud. Ces études démontrent que les personnes restant socialement et physiquement actives ont une durée de vie plus longue que la moyenne. N'en déduisez pas qu'il faut toujours fréquenter la même bande de copains et pratiquer assidûment le vélo d'appartement. Au contraire, il faut sortir et se faire de nouveaux amis.

Lorsque vous faites de nouvelles rencontres dans le monde extérieur, vous enrichissez votre monde intérieur, c'est-à-dire votre cerveau, et cela vous maintient jeune et alerte. Edward M. Hallowell, dans son excellent ouvrage *Connect*, reprend les études du docteur Lisa Berkman de la Harvard School of Health Science réalisées dans le comté d'Alameda en 1979. Le docteur Berkman et son équipe ont suivi 7 000 personnes entre 35 et 65 ans sur une période de neuf ans. Leurs recherches ont montré que les personnes manquant de liens sociaux et communautaires avaient trois fois plus de risques de mourir de maladie que celles ayant de nombreux contacts avec autrui. Précisons que ces résultats étaient totalement indépendants de la situation socio-économique, d'habitudes nuisibles à la santé comme la consommation de tabac et de boissons alcoolisées, de l'obésité ou d'un manque d'activité physique.

Communiquer pour favoriser la coopération

Que vous souhaitiez satisfaire un besoin ou un désir, là encore, les autres vous seront bien utiles. Quel que soit votre vœu le plus cher – vivre le grand amour, exercer un métier de rêve ou obtenir un billet pour le dernier spectacle à voir –, il y a fort à parier que l'aide de quelqu'un vous sera nécessaire pour arriver à vos fins. Si vous êtes une personne sympathique, nul doute que les autres n'épargneront ni leur temps ni leurs efforts pour vous. Plus vous entretiendrez de bons rapports avec eux, plus ils seront coopératifs.

Communiquer pour se sentir bien

Communiquer est un acte socialement positif. Une société n'est-elle pas le résultat d'une foule de rapports fondés sur des croyances, des réalisations, des valeurs, des intérêts communs, voire une géographie commune, un territoire commun ? Rome ne s'est pas faite en un jour, pas plus que Detroit. Il y a 3 000 ans, là où se trouve Rome aujourd'hui, des Indo-Européens se sont retrouvés pour survivre, autrement dit, en gros, chasser et veiller les uns sur les autres. Il y a 300 ans, un marchand français a trouvé un havre de paix pour installer un comptoir de fourrure. Il a commencé à tisser des relations, à nouer des contacts : Detroit était née.

Nous avons un besoin physique, basique, des autres. Dans une communauté, nous partageons nos points forts, nous nous protégeons les uns les autres. Lorsque nous nous sentons en sécurité, nous consacrons notre énergie à notre évolution sociale, culturelle et spirituelle.

Communiquer et aimer

En fait, nos échanges sont avant tout émotionnels. Nous ne sommes pas des systèmes fermés et autarciques, mais des circuits régulés, disciplinés, encouragés, réprimandés, soutenus et validés par le courant émotionnel que nous recevons des autres. De temps en temps, nous

FACE À FACE

On entend souvent dire que l'Internet est l'outil le plus abouti en matière de communication, car il réunit les gens autour de centres d'intérêt communs. C'est très vrai. Si vous recherchez des collectionneurs d'ours en peluche à Tolède ou des amateurs de matchs de catch dans la boue à Minsk, vous les trouverez sur le Web. Pour les gens cloîtrés chez eux à cause d'une maladie ou d'un handicap, le Web peut être un don des dieux.

Cependant, passer des heures devant un écran en envoyant des messages dans le monde virtuel est un piètre substitut à la montagne d'expériences qu'offre un véritable face à face. Si vous «chattez» avec quelqu'un qui vous plaît, serez-vous prêt à l'épouser sans rencontre préalable ?

Nous avons besoin de voir les gens en chair et en os afin d'en capter toute l'essence. L'atmosphère dégagée par la présence physique et mentale est d'une importance capitale. Par exemple, quelle sorte d'environnement créez-vous avec l'autre ? Quel est votre degré de spontanéité ? Dans quelle mesure avez-vous envie de discuter ? Qu'en est-il de votre ouverture d'esprit, de votre capacité à encourager l'autre, à accorder votre amitié ?

Si vos besoins émotionnels ne sont pas en phase avec ceux de votre interlocuteur, vous ferez fausse route. Ces choses ne se perçoivent que par un face à face. Alors seulement, vous comprendrez le vrai sens du mot communication.

rencontrons quelqu'un qui exerce une influence sur nos émotions et nos rythmes vitaux de façon particulièrement plaisante ; c'est ce que nous appelons l'amour. Par le langage corporel, les expressions du visage, le ton de la voix ou tout simplement les mots, les autres adoucissent nos moments difficiles et exaltent nos heures de joie.

Nous utilisons les liens affectifs de la même manière que l'air que nous respirons et la nourriture que nous absorbons. Privez-vous de contact physique et émotionnel (un baiser et un sourire sont des valeurs essentielles) et vous vous flétrirez et mourrez aussi sûrement que par manque de nourriture. C'est ainsi que dans certains orphelinats, des enfants tombent malades et s'affaiblissent alors qu'ils sont correctement nourris et vêtus. Les autistes recherchent le contact physique et émotionnel, mais ils en sont privés par leur manque d'habileté sociale. Combien de fois avons-nous entendu parler d'une femme mariée depuis cinquante ans qui meurt, malgré sa bonne santé, quelques mois, voire quelques semaines, après le décès de son mari ? Le gîte et le couvert ne sont pas suffisants. Nous avons besoin les uns des autres. Nous avons besoin d'amour.

Les bienfaits de la sympathie

Si les gens vous apprécient, ils seront naturels et se sentiront parfaitement bien à vos côtés. Ils vous accorderont leur attention et s'ouvriront à vous.

La sympathie que vous suscitez provient de votre apparence, mais elle repose encore plus sur votre capacité à mettre les autres à l'aise. Ma vieille nounou, à qui je dois ma passion pour les autres, parlait souvent de ce qu'elle appelait une «humeur ensoleillée». Lorsqu'elle m'emmenait en promenade, nous avions l'habitude de repérer les gens d'humeur ensoleillée ainsi que tous ceux qui affichaient un visage chagrin. Elle me disait que nous pouvions choisir qui nous voulions être, et nous nous moquions des mines fermées et de leur air sérieux.

Les gens sympathiques donnent des signes évidents de sociabilité. Ils montrent que leurs voies de communication sont grandes ouvertes. Avec ces signaux vient la confiance en soi et la sincérité. Les gens sympathiques affichent une mine chaleureuse et radieuse. Ils semblent dire : «Je suis prêt à communiquer.» Ils sont accueillants et amicaux et attirent l'attention des autres.

Pourquoi moins de 2 minutes ?

«Le temps est précieux !» «Le temps c'est de l'argent !» «Ne me faites pas perdre mon temps !» Le temps est devenu un véritable luxe. Nous le gérons, nous tentons de le contrôler, de le retenir ou de l'accélérer, nous en perdons la notion à force de le manipuler. En effet, le temps est l'une des choses que nous ne pouvons maîtriser, car il s'écoule inexorablement.

Jadis, nous étions bien plus respectueux envers autrui. Nous passions plus de temps à ces choses délicieuses que sont la découverte d'un être et l'échange de vues sur un sujet. Dans la cohue de la vie moderne, un temps est imparti à chaque chose, et nous n'avons plus, ou ne prenons plus le temps de connaître nos semblables. On s'associe, on évalue, on fait des suppositions, et l'on prend une décision avant même de dire un seul mot. Ami ou ennemi ? Se battre ou s'enfuir ? Opportunité ou menace ? Familier ou étranger ?

Instinctivement, nous évaluons, analysons et devinons les autres. Si nous ne pouvons nous présenter sous notre meilleur jour, nous prenons le risque d'être, poliment ou non, rejeté.

La deuxième raison pour se rendre sympathique en moins de 2 minutes est liée à l'attention humaine. Croyez-le ou non, le temps pour capter l'attention d'une personne tourne en moyenne autour de 30 secondes. Capter l'attention est un défi équivalent à tenter de contrôler une bande de singes sauvages. L'attention fait appel à la nouveauté. Elle a besoin d'être sans cesse tenue en haleine et se plaît à passer d'un sujet à un autre, établissant de nouveaux contacts. Si elle n'a rien de neuf à se mettre sous la dent, elle se diluera et se reportera sur des attractions courantes comme l'actualité récente, le football ou la paix dans le monde.

Lisez cette phrase puis mettez ce livre de côté et portez votre attention sur un objet immobile (une œuvre d'art ne compte pas). Fixez votre regard sur cet objet pendant 30 secondes. Vos yeux commenceront à fatiguer au bout de 10 secondes, voire moins.

Lors d'une rencontre, il ne suffit pas de capter l'attention de votre interlocuteur. Il faut également faire durer la rencontre afin de faire passer votre message. La sympathie qui émane de vous vous servira à attirer l'attention, mais vous garderez cette dernière grâce à la qualité des rapports que vous aurez établis. Grosso modo, trois éléments entrent en jeu : votre présence, c'est-à-dire votre apparence et la manière dont vous bougez ; votre attitude, ce que vous dites, la manière dont vous vous exprimez et l'intérêt de vos propos ; l'intérêt que vous suscitez vis-à-vis d'autrui.

Lorsque vous saurez établir rapidement des relations avec les autres, vous améliorerez votre mode de vie au travail et même à la maison. Vous aurez découvert le moyen d'approcher quiconque avec confiance et sincérité. Soyons clair, cela ne changera en rien votre personnalité, et votre façon de vivre n'en sera pas bouleversée. Ce n'est pas une baguette magique qui fera que le monde entier vous invitera à dîner dès que vous mettrez un pied dans la rue. Vous aurez simplement acquis des capacités à communiquer qu'il vous faudra utiliser lorsque vous en aurez besoin.

Établir le contact en moins de 2 minutes avec une personne ou un groupe, dans un contexte social ou communautaire, ou lors d'une conférence professionnelle, peut s'avérer intimidant pour de nombreuses personnes. J'ai toujours été extrêmement surpris qu'on ne nous apprenne rien sur la manière de maîtriser cette pratique fondamentale. Vous êtes sur le point de découvrir qu'en fait, cette maîtrise, vous la possédez, cachée au fond de vous. Le seul problème est que vous n'en avez pas encore conscience.

Chapitre 2

Premières impressions

Pour les besoins de ce livre, le mode d'emploi du «savoir communiquer» a été divisé en trois parties : la rencontre, l'établissement d'une relation (la prise de contact) et la communication.

Ces trois phases s'enchaînent rapidement, et elles ont tendance à se confondre. Notre but est de les rendre aussi fluides, naturelles et simples que possible. Mais surtout, elles doivent être agréables et porter leurs fruits.

Bien évidemment, vous démarrez votre processus de contact en rencontrant les gens. Quelquefois, c'est la chance qui met quelqu'un sur votre chemin, comme cette femme rencontrée dans le train qui partage votre passion pour les films de Bogart. D'autres fois, la rencontre résulte d'un choix, comme avec cet ami que votre cousin vous a présenté parce qu'il aime Shakespeare, les bons vins et le saut à l'élastique, tout comme vous.

Si la rencontre consiste à mettre deux personnes ou plus en présence, la communication prend place au moment où l'on a pleinement conscience de la présence d'autrui. Entre ces deux événements – la rencontre et la communication –

se déroule la période de 2 minutes durant laquelle s'établit une relation entre les deux protagonistes.

La rencontre

En faisant bonne impression durant les premières secondes d'une nouvelle rencontre, vous apparaîtrez comme sincère, charmant et digne de confiance. L'opportunité va s'offrir alors de nouer un bon contact sans difficulté.

Les salutations

Les salutations couvrent les premières secondes d'une rencontre. On peut les diviser en cinq parties : l'ouverture, le regard, le rayonnement, le salut, l'installation. Ces cinq actions sont le programme à mettre en œuvre lors d'une première rencontre.

L'ouverture

La première étape consiste à adopter une position d'ouverture. Pour y parvenir, vous devez avoir pensé à une attitude positive qui vous convient. C'est le moment de la ressentir pleinement.

Soyez sûr de faire montre d'un langage corporel ouvert. Avec une bonne attitude, cela viendra tout seul. Ouvrez votre cœur à la personne rencontrée ; ne le cachez pas derrière vos mains ou vos bras et, lorsque cela est possible, déboutonnez votre veste ou votre manteau pour mieux l'exposer.

Le regard

La deuxième phase de la rencontre prend en compte votre regard. Soyez le premier à établir le contact visuel. Regardez cette nouvelle connaissance droit dans les yeux. Laissez votre regard refléter toute la positivité de votre personnalité. Pour faire simple, on peut dire que le contact visuel est le vrai contact !

Prenez l'habitude de regarder les autres droit dans les yeux. Lorsque vous êtes devant votre poste de télévision le soir, essayez de repérer la couleur des yeux d'un grand nombre de personnes et de vous en souvenir. Le lendemain, faites de même avec tous ceux que vous rencontrerez en les regardant droit dans les yeux.

Le rayonnement

Cette phase dépend directement du contact visuel. Rayonnez ! Soyez le premier à sourire. Votre sourire doit refléter votre personnalité.

À présent, vous avez attiré l'attention de votre interlocuteur par votre langage corporel, votre regard et un sourire radieux. Inconsciemment, l'autre n'aura pas l'impression de se trouver face à un imbécile heureux (même si vous croyez en avoir l'air) mais face à une personne d'une grande sincérité.

Le salut

Que vous disiez bonjour, bonsoir ou même salut, utilisez toujours une tonalité agréable et n'hésitez pas à vous présenter par la même occasion. («Bonjour, je m'appelle Catherine.») Comme pour le sourire et le contact visuel, soyez le premier à vous identifier. À cet instant, et en quelques secondes seulement, vous êtes à même de recueillir des tonnes d'informations sur votre interlocuteur, des informations que vous pourrez utiliser à bon escient plus tard dans la conversation.

Prenez les devants. Tendez la main à votre interlocuteur et, si vous pensez que le moment est opportun, prononcez son nom deux ou trois fois pour le graver dans votre mémoire. Surtout, ne dites pas : «Glenda, Glenda,

Exercice de présentation

Diffuser son énergie

C'est l'un des exercices les plus importants de mes séminaires. Cependant, même si je ne suis pas physiquement là pour vous l'expliquer, vous arriverez à le réaliser.

Vous aurez besoin d'un partenaire pour vous entraîner. Tenez-vous face à face à trois mètres de distance, à la manière de deux cow-boys durant un duel. En disant «Bonjour», plaquez vos mains l'une contre l'autre puis faites glisser la droite sur la gauche avant de la tendre à votre partenaire. Rassemblez toute l'énergie de votre corps et emmagasinez-la dans votre cœur avant de la faire passer dans votre main droite (celle que vous utilisez pour votre poignée de main). Cette énergie passera de votre main au cœur de votre interlocuteur. Cela peut paraître bien compliqué pour une action de deux secondes, mais lorsque les six canaux que sont le corps, le cœur, le regard, le sourire, le claquement des mains et la voix sont dirigés vers la même personne en très peu de temps, vous obtenez un important transfert d'énergie.

Juste après avoir reçu cette énergie, votre partenaire vous la renverra de la même manière. À tour de rôle, vous diffuserez cette source. Soyez sûr d'utiliser ces six canaux simultanément. Pour ce faire, entraînez-vous sur chacun d'eux durant deux minutes.

Glenda, c'est un plaisir !» mais plutôt : «Glenda, enchanté, je suis ravi de vous voir, Glenda !» Comme vous le verrez dans le chapitre 7, ces salutations seront suivies d'une phrase en rapport avec l'endroit et la situation où vous vous trouvez.

Maintenant, cela devient vraiment amusant. Vous allez utiliser différents types d'énergie pour transmettre plusieurs qualités : la logique par l'énergie cérébrale ; la communication par l'énergie vocale ; l'amour par l'énergie émotionnelle ; le pouvoir par l'énergie sexuelle concentrée dans votre plexus.

Vous avez déjà eu recours à l'énergie amoureuse de votre cœur. Il vous faut à présent mettre vos cerveaux, et non vos cœurs, en osmose. Diffusez tous deux votre énergie cérébrale jusqu'à ce que chacun d'entre vous parvienne à la différencier de l'énergie émanant du cœur. Après deux ou trois minutes d'entraînement, passez aux autres régions énergétiques en comparant vos énergies vocales, puis sexuelles, etc.

Encore plus fort : choisissez le type d'énergie que vous souhaitez diffuser, mais n'en parlez pas à votre partenaire. Saluez-le, serrez-lui la main, dites-lui bonjour et diffusez votre énergie. Il devra alors identifier le type d'énergie que vous venez de lui communiquer. Faites cela chacun à votre tour. Entraînez-vous jusqu'à ce que votre langage corporel devienne subtil et presque imperceptible.

Ensuite, vous allez tester cette méthode sur les gens que vous rencontrerez. Diffusez votre énergie en saluant une connaissance au supermarché, un garçon de café, votre belle-sœur ou le réparateur de la photocopieuse au bureau. Ils remarqueront quelque chose de particulier en vous, ce qu'on peut appeler une «qualité exceptionnelle».

L'installation

Terminez votre présentation en vous «installant». Cette action peut être presque imperceptible ; elle doit souligner avec subtilité votre intérêt et votre ouverture d'esprit alors que vous commencez à vous «synchroniser» avec votre interlocuteur.

La poignée de main

Les poignées de mains peuvent vous briser les doigts ou vous donner l'impression de serrer cinq nouilles tièdes. Dans un cas comme dans l'autre, vous en garderez le souvenir, quitte à prendre des précautions la fois suivante. La poignée de main s'accompagne de certaines attentes. C'est pourquoi elle doit être à la fois ferme et respectueuse, comme si vous tiriez sur la sonnette dans un hôtel pour appeler le service d'étage. Ignorez ces attentes, et votre vis-à-vis aura l'impression que quelque chose ne va pas, un peu comme lorsque de l'eau chaude sort d'un robinet d'eau froide. Le cerveau déteste la confusion, et devant elle, la plupart des gens battront en retraite d'instinct.

Je dispose d'une puissante alternative qui consiste à serrer *virtuellement* la main de votre interlocuteur. En gros, il s'agit d'une poignée de main sans main. Faites tout ce que vous feriez durant une poignée de main sans utiliser votre main. Ouvrez grand votre cœur à la personne qui vous fait face et saluez-la. Illuminez votre regard, souriez et irradiez toute l'énergie qui accompagne habituellement une poignée de main.

Cette poignée de main virtuelle fait des merveilles lorsque vous devez vous présenter à un groupe ou à des auditeurs.

La prise de contact

Cette opération consiste à créer un terrain d'entente lorsque deux ou plusieurs personnes établissent un lien mental. Prendre contact avec les autres, c'est avant tout apporter sa part d'interactivité par son attention, sa chaleur ou son sens de l'humour. Chacun a quelque chose à donner en retour – de la sympathie, de l'empathie ou tout simplement quelques bonnes blagues. Le contact est le lubrifiant permettant aux relations sociales de se dérouler paisiblement.

La récompense, lorsque vous avez établi le contact, est que votre interlocuteur vous accorde sa sympathie. Même s'il ne vous dira pas tout ça, son attitude pourra se traduire ainsi : «Je viens juste de vous rencontrer mais je vous apprécie et je vous accorde toute mon attention.» Parfois, le contact se fait de lui-même, comme par hasard. Parfois, il faut l'influencer. Faites un effort, et vous pourrez communiquer. Ne le faites pas, et il vous faudra marchander pour capter l'attention.

Lorsque vous rencontrez et saluez des personnes que vous ne connaissez pas, votre capacité à établir le contact dépend de quatre choses : votre attitude ; votre habileté à vous «synchroniser» avec certains aspects comportementaux de votre interlocuteur, tels le langage corporel et le ton de la voix ; votre talent d'orateur ; votre habileté à découvrir le sens dominant de votre interlocuteur (visuel, auditif ou kinesthésique).

Lorsque vous aurez maîtrisé ces quatre aspects, vous serez capable d'établir rapidement un contact et de communiquer avec n'importe qui, n'importe quand.

Lisez ce qui suit, et vous découvrirez qu'il est possible d'accélérer le processus permettant d'être à l'aise avec un parfait inconnu en ignorant les rituels habituels de familiarisation pour passer directement à des relations aussi détendues qu'avec des amis de longue date. En très peu de temps, vous pouvez vous entendre avec une personne que vous n'aviez encore jamais rencontrée en ayant l'impression de la connaître depuis des années. Plusieurs parmi mes étudiants m'ont avoué qu'après avoir parfaitement appris à prendre contact, bon nombre de personnes leur demandaient : «Vous êtes sûr que nous ne nous sommes pas déjà rencontrés ?» Je connais cette sensation. Non pas qu'on me pose cette question, mais il m'arrive d'être persuadé de connaître des gens que je rencontre pour la première fois. Il en est ainsi quand vous parvenez à comprendre vos semblables, et c'est un sentiment exaltant.

Communiquer

Chacun semble avoir sa propre définition du verbe communiquer. Toutefois, elle peut se résumer à un échange d'informations entre deux personnes ou plus. Communiquer, c'est transmettre un message, être compris.

Aux premières heures de la programmation neuro-linguistique (PNL), dans un projet de recherche dédié à l'«étude de l'excellence et la manière dont les gens structurent leurs expériences sensorielles», Richard Bandler et John Grinder donnèrent une définition plus appropriée de la communication : «La signification de la communication réside dans les réponses qu'elle reçoit.» C'est à la fois simple et génial, car cela veut dire que vous êtes responsable à 100 % du succès ou de l'échec de vos tentatives de communication. Après tout, n'êtes-vous pas celui qui a un message à faire passer, un but à atteindre ? La responsabilité de votre réussite vous incombe. J'ajoute que si vous échouez, vous serez le seul à pouvoir corriger vos erreurs afin d'obtenir ce que vous désirez. Pour donner forme et sens à la communication, il suffit de croire que nous disposons de réponses et de solutions au fond de nous. Les gens peu doués pour la communication n'ont en général aucune idée du type de réponses qu'ils attendent d'autrui, et c'est pour cette raison qu'ils ne savent pas ce qu'ils veulent.

Les compétences que vous allez développer ici vous serviront à tous les niveaux de la communication, qu'il s'agisse de tisser de nouveaux liens sociaux et de vous faire mieux comprendre au quotidien ou de changer votre vie et celle de votre entourage.

La formule magique pour une communication efficace est composée de trois éléments :

Savoir ce que l'on veut

Énoncez vos intentions sous une forme affirmative et de préférence au présent. Exemple : «Je désire une relation réussie. Grâce à mon imagination, je sais exactement à quoi cette relation doit ressembler et quand elle va s'établir.» C'est une affirmation, contrairement à une phrase comme : «Je ne veux pas rester seul.»

Trouver ce que l'on cherche

Réagissez. Ne traînez pas dans des bars enfumés si vous ne vous y sentez pas à l'aise.

Changer ce que l'on fait jusqu'à avoir ce que l'on cherche

Dressez un plan d'attaque et suivez-le à la lettre : «J'inviterai dix personnes à dîner tous les samedis soirs.» Faites-le et continuez d'agir. Redessinez votre plan si nécessaire et appliquez-le avec encore plus d'énergie. Répétez ce cycle : reformulez votre plan, accumulez plus d'énergie et ce, jusqu'à ce que vous obteniez ce que vous cherchez. Vous pouvez appliquer ce cycle à n'importe quel aspect de votre vie que vous souhaitez changer : finances, amour, sports, carrière.

Savoir ce que l'on veut.
Trouver ce que l'on cherche.
Changer ce que l'on fait jusqu'à avoir ce que l'on cherche.
Il est bon de se demander constamment où en est notre niveau de communication.

Et après ?

Au cours des chapitres suivants, nous examinerons plus en détail les rapports humains et l'importance d'une «attitude vraiment utile». Vous apprendrez à connaître ce qui se passe en surface et sous la surface et à harmoniser langage corporel et ton de voix. Pour tout dire, il vous faut éviter les messages codés, les signes et tout ce qui prête à confusion. Vous découvrirez que votre langage corporel agit sur certains et pas sur d'autres, et que par quelques changements d'attitude, il vous sera possible de modifier les sentiments d'autrui à votre égard.

Ensuite, nous plongerons au cœur du monde chaleureux et accueillant de la synchronisation. Vous apprendrez à vous positionner par rapport aux signaux que vous adressent les autres, ce qui leur permettra de se sentir à l'aise et en confiance avec vous. Nous évoquerons également la grande importance de la voix et la manière dont elle influence l'humeur et les émotions que l'on souhaite susciter.

Un chapitre entier explique comment entamer et entretenir une conversation passionnante. Nous passerons en revue toutes les ficelles pour qu'une personne s'ouvre à vous sans jamais se refermer sur elle-même. Nous parlerons également de compliments, de la manière d'obtenir des informations et de se rendre inoubliable.

Enfin, nous descendrons jusqu'au centre de la psychologie humaine. Là, une vérité stupéfiante nous attend : bien que nous explorions le monde grâce à nos cinq sens, chacun d'entre nous en possède un sur lequel il se repose davantage. Je vous montrerai que les gens donnent constamment des indices permettant d'identifier ce sens dominant, et je vous apprendrai à l'utiliser pour vous mettre en phase avec eux. Ceux pour qui l'ouïe est dominante sont-ils différents de ceux qui privilégient la vue ?

Vous vous doutez que oui, et vous verrez comment infléchir votre attitude pour communiquer avec eux.

Chaque chapitre comporte au moins un exercice qui vous aidera à comprendre le pouvoir de la communication. Vous pourrez réaliser certains de ces exercices seul, mais vous aurez besoin d'un partenaire pour les autres. Il faut bien l'avouer, communiquer et établir un contact sont des activités interactives, vous ne pourrez pas les maîtriser en travaillant dans votre coin.

Tout est là, communiquer ! Chaque jour, des hommes, des femmes et des enfants donnent les clés essentielles de leur personnalité, montrent comment ils perçoivent le monde, et ce par leur langage corporel, le ton de leur voix, le mouvement de leurs yeux et le choix de leurs mots. Ils ne peuvent tout simplement pas s'en empêcher. Maintenant c'est à vous de voir si vous désirez utiliser cette montagne d'informations afin d'améliorer et d'enrichir vos relations avec ceux qui vous entourent.

— DEUXIÈME PARTIE —

MOINS DE 2 MINUTES POUR UN CONTACT

Chapitre 3

Il y a quelque chose chez cette personne que j'aime vraiment beaucoup !

Que vous essayiez de vendre quelque chose, d'obtenir un rendez-vous galant ou d'éviter un PV, il vous faudra établir un contact. Parfois, celui-ci se fait naturellement, sans que l'on sache vraiment pourquoi. Vous réussissez votre vente, la conversation s'engage comme dans un rêve et la contractuelle déchire votre contravention. Mais combien de fois vous êtes-vous trouvé dans une situation où, quels que soient vos efforts, vous n'êtes pas parvenu à intéresser votre interlocuteur ! Pourtant, vous n'avez rien de repoussant, vous êtes peut-être même un être fabuleux et plein de charme qui, malgré tout, n'arrive pas à établir le moindre contact.

Rassurez-vous, vous n'êtes pas un cas isolé. Pour le dictionnaire, un contact, une relation, est un jeu d'influences réciproques visant à une communication harmonieuse. Nos relations se caractérisent par une certaine routine, qui se manifeste par exemple dans la manière dont nous abordons une personne pour la première fois. Si cette routine, ce modèle, marche, le contact s'établit, et nous pouvons communiquer avec la quasi-certitude d'être pris en considération. Cette considération est essentielle, car le fondement de tout contact passe par la crédibilité qui, à son tour, mène à la confiance mutuelle. En l'abscence de crédibilité, c'est le messager, et non le message, qui sera pris en considération, et cela engendrera une gêne chez l'interlocuteur.

Toutefois, lorsque l'on observe le monde avec le même regard, la même écoute et les mêmes sentiments que nos semblables, nous nous lions à eux, nous nous synchronisons avec eux, et ils ne peuvent que se rendre compte de l'intérêt que nous leur portons. Nous leur ressemblons tellement qu'ils nous accordent leur confiance et se sentent à l'aise à nos côtés. Inconsciemment, ils se disent : «Je ne sais pas ce qu'a cette personne, mais il y a quelque chose en elle que j'aime beaucoup.»

Diverses recherches ont montré que nous avons approximativement 2 minutes pour faire bonne impression lors d'une première rencontre. Ce qui se passe durant ces 2 minutes influencera le succès ou l'échec du premier contact. En fait, bien souvent, nous avons même moins de 2 minutes pour cela !

Contact naturel

L'attraction se manifeste dans chaque recoin de l'univers. Que vous l'appeliez magnétisme, polarité, électricité, pensée, intelligence ou charisme, elle reste de l'attraction et s'applique aux mondes végétal, animal et minéral. Nous tissons naturellement des relations synchronisées, et bien qu'elles passent inaperçues pour un certain nombre, elles sont tangibles pour bien d'autres.

Nos parents, nos collègues, nos professeurs et nos amis nous ont guidés tout au long de notre vie à l'aide d'émotions et de signaux. Leur énergie émotionnelle, leurs gestes et leur manière de vivre nous ont influencés. Lorsque votre mère, ou votre père, s'assoit d'une certaine façon, vous serez poussé à l'imiter. Si un bon copain ou une vedette de cinéma marche d'une certaine manière, vous serez enclin à faire de même. Nous apprenons en nous alignant sur les signaux que nous envoient les autres. Ils nous influencent, et nous reproduisons ce que nous aimons en eux.

Les personnes ayant des intérêts communs établissent des contacts naturellement. C'est pour cette raison que vous vous entendez si bien avec votre meilleur ami : vous partagez les mêmes centres d'intérêt, les mêmes opinions et peut-être même une manière de vivre similaire. Évidemment, vous vous trouverez des différences et des sujets de dispute, mais pour l'essentiel, vous vous ressemblez.

Nous sommes des animaux sociaux. Nous vivons en communauté. Il est normal et très logique pour le commun des mortels de s'entendre avec les autres mais également de se quereller, de se battre et de trouver certaines personnes antipathiques. L'ironie vient du fait que la société nous a conditionnés à nous méfier les uns des autres, à construire des frontières entre nous. Nous vivons dans un monde qui prétend trouver son unité dans l'amour alors qu'il la trouve dans la peur. Aux États-Unis, les médias ne cessent de nous effrayer à grand renfort de reportages et de publicités sur les tremblements de terre et les accidents d'avion tout en nous demandant si nous sommes suffisamment assurés, si nous ne sommes pas trop gros, trop minces, si notre détecteur de fumée marche et si nous avons assez d'argent de côté pour payer nos funérailles. Le contact naturel est essentiel à notre santé mentale, à notre évolution et, surtout, à notre survie.

Contact occasionnel

Peut-être vous êtes-vous déjà rendu dans un pays où les habitants ne parlaient pas votre langue et où vous ne compreniez pas la leur. Lorsqu'on ne peut pas se faire comprendre, on se sent un peu mal à l'aise, voire méfiant. Puis soudain, vous tombez sur un compatriote. Il parle votre langue, et vous découvrez en lui votre meilleur ami ! Du moins le temps des vacances. Il ne fait aucun doute que vous partagerez vos expériences, vos opinions, que vous vous recommanderez des adresses de restaurants et de boutiques et que vous échangerez des informations sur votre famille et votre travail – tout cela et bien plus pour la bonne raison que vous avez une langue maternelle en commun. C'est ce que l'on nomme un contact occasionnel. Peut-être votre enthousiasme vous poussera-t-il même à poursuivre cette relation amicale une fois de retour chez vous. Vous vous rendrez alors compte que, mis à part la langue et l'endroit où vous vous trouviez, vous n'aviez pas grand-chose en commun, et votre relation s'éteindra d'elle-même.

Mais la langue et la géographie ne sont pas les seuls catalyseurs dans ce genre de contact. Les rencontres dues au hasard surviennent dans la vie de tous les jours au travail, au supermarché, à la laverie ou à l'arrêt de bus.

Pour établir le contact avec un étranger, il faut apprendre à lui ressembler. Réjouissons-nous, c'est à la fois simple et amusant. Cela permet de considérer chaque nouvelle rencontre comme un jeu, un puzzle, un plaisir.

Terrain d'entente

Marc se rend à un dîner où sept autres personnes sont invitées. Il déteste ce genre de situation et a généralement du mal à trouver les mots qu'il faudrait. Il commence à se sentir mal à l'aise. Il ne connaît personne, mis à part son comptable, qui est assis à l'autre bout de la table et fait rire toute l'assistance. Soudain, l'invitée placée face à Marc, une jeune femme portant une belle robe bleue et qui lui a jeté un regard bien qu'ils ne se soient pas adressé la parole, annonce à son voisin de gauche qu'elle est une grande collectionneuse de timbres. Tout comme Marc !

Marc est soulagé, car la chance s'offre d'engager la conversation avec son vis-à-vis. Ils ont quelque chose en commun, les timbres. Marc adresse la parole à Tanya et lui parle de son timbre très rare de 1948 au motif d'œuf poché ; il lui raconte comment il l'a trouvé alors que sa Mercedes était tombée en panne à Cortlandville, au nord de l'État de New York. Les coudes sur la table et un doigt délicatement posé sur la joue, Tanya se penche vers Marc. Ses pupilles se dilatent légèrement alors que son corps se relaxe. Marc s'appuie à son tour sur ses coudes, rend ses sourires à Tanya et acquiesce quand elle opine de la tête. Elle trempe les lèvres dans son verre d'eau, et il se surprend à faire de même.

Marc et Tanya ont établi le contact. Ils ont trouvé un terrain d'entente et commencé une relation grâce à un intérêt commun. Ce contact est évident à de nombreux niveaux : les signaux qu'ils s'envoient l'un à l'autre, les modifications involontaires de leur comportement. Leur point commun les a rapprochés, et ils se synchronisent à présent l'un par rapport à l'autre. Qui sait jusqu'où cela les mènera ? Ils s'apprécient parce qu'ils sont semblables, et la nature fera le reste. Ils ont noué le contact en moins de 2 minutes.

Contact planifié

Lorsque les intérêts et les façons d'agir de deux personnes sont «synchronisés», on peut dire que ces personnes sont en relation. Comme nous le savons déjà, un contact peut avoir lieu grâce à un intérêt commun ou en raison de situations et de circonstances particulières. Cependant, lorsqu'aucune de ces conditions n'est réunie, il est tout de même possible d'établir une relation «planifiée». C'est précisément le sujet de ce livre.

Lorsque nous souhaitons établir un contact planifié, nous devons nous efforcer de réduire la distance et les différences qui nous séparent d'une autre personne en trouvant un terrain d'entente. Quand c'est chose faite, nous avons l'impression d'entretenir une relation naturelle avec cette ou ces personnes, car nous sommes devenus semblables, nous nous ressemblons.

Alors que Marc et Tanya tissent leur relation dans l'encadré ci-contre, le commun des mortels ne remarquera rien de spécial, mais une personne expérimentée verra et entendra beaucoup de choses. Au fur et à mesure que l'intérêt commun de nos deux protagonistes pour les timbres s'affirme, on peut noter chez eux une similitude de comportement. Le langage corporel, l'expression du visage, le ton de la voix, le regard, la respiration et bien d'autres facteurs physiques entrent en ligne de compte. Inconsciemment, ils commencent à se comporter de la même manière, à synchroniser leurs mouvements.

Le contact planifié consiste à modifier son comportement un court instant afin d'être comme l'autre. Vous devenez une sorte d'adaptateur, jusqu'à ce que le contact soit établi. Savoir ce qu'il est possible d'adapter dans sa personnalité et comment le faire fait l'objet des chapitres suivants.

Les ingrédients nécessaires à cette alchimie, vous les possédez déjà : attitude, apparence, posture, expressions du visage, regard, tonalité et rythme de la voix, habileté verbale pour engager une conversation et, ce que vous allez bientôt découvrir, don pour identifier le sens dominant de son interlocuteur. Ajoutez-y une faculté à écouter et à observer les autres ainsi qu'une grande curiosité. Oubliez les gadgets, les aphrodisiaques, les pilules, les baguettes magiques : les merveilleuses facultés dont la nature vous a comblé suffiront, alliées à votre désir irrépressible d'aller vers vos semblables.

Chapitre 4

Tout est dans l'attitude

Votre esprit et votre corps font partie d'un même système. Ils s'influencent mutuellement. Lorsque vous êtes heureux, vous avez l'air heureux, votre voix est joyeuse et vous utilisez des mots positifs. Essayez d'éprouver de la tristesse en sautant et en tapant dans vos mains ou, au contraire, de vous sentir joyeux en étant écroulé sur une chaise, la tête enfoncée dans les épaules. Votre attitude commande votre esprit, et votre esprit dicte votre langage corporel.

De l'attitude dépendent la qualité de vos pensées, votre humeur, le ton de votre voix, le choix des mots que vous prononcez et, surtout, votre langage corporel et les expressions de votre visage. Quand votre esprit est réglé sur une attitude particulière, vous n'avez que très peu de contrôle sur les signaux envoyés par votre corps. Celui-ci a sa propre interprétation, et il jouera la partition correspondant à l'attitude que vous aurez choisi d'adopter.

Une attitude vraiment utile

Peu importe ce que vous faites et où vous vivez, la qualité de votre attitude déterminera celle de vos relations, sans parler du reste.

Je fréquente la même agence bancaire depuis près de huit ans. De temps à autre, une personne dont je n'ai jamais entendu parler m'envoie une lettre (en écorchant mon nom) pour me faire part du plaisir qu'elle éprouve à compter quelqu'un d'aussi formidable dans sa clientèle. Malgré leurs énormes efforts pour personnaliser leurs services, toutes les banques se ressemblent, et la mienne est comme les autres. Dans ces conditions, pourquoi lui rester fidèle alors que deux autres banques, plus compétitives, ont ouvert des succursales beaucoup plus près de chez moi ? Pour le côté pratique ? Certainement pas. En raison de meilleurs taux ? Non plus. Plus de services ? Toujours pas. En fait, c'est à cause de Joanne, l'une des employées. Qu'est-ce que Joanne a à offrir de plus qu'une institution bancaire ? Elle me met de bonne humeur. J'ai l'impression de compter pour elle, et les autres clients ont le même sentiment. Cela saute aux yeux quand on voit comment ils lui parlent. Cette charmante dame illumine toute l'agence.

Comment Joanne s'y prend-elle ? C'est simple. Elle veut être agréable à ses clients et faire son travail correctement. Elle affiche une «attitude vraiment utile», ou plutôt deux. Elle est à la fois souriante et attentionnée, et tout le monde en profite : ses clients, ses collègues, son entreprise et votre serviteur. Ce que donne Joanne par son attitude utile lui est rendu au centuple dans une vie quotidienne joyeuse et épanouie, et cela ne coûte pas un centime.

UNE ATTITUDE VRAIMENT INUTILE

Deux personnes peuvent avoir deux attitudes totalement différentes face à une même situation. Néanmoins, si elles réagissent de la même manière dans une situation donnée, cela signifie qu'il existe entre elles un puissant lien naturel. Une attitude a tendance à être contagieuse, et parce qu'elle dépend de l'interprétation des émotions liées à nos expériences, elle peut être déformée et modelée, améliorée ou aggravée.

Que se passe-t-il lorsqu'une personne perd tout contrôle et laisse éclater sa colère ? Elle devient agressive (langage corporel), le ton de sa voix est désagréable, son vocabulaire est menaçant. On peut vraiment avoir peur quand on se trouve à proximité.

Si l'on souhaite se faire apprécier des autres, ou seulement susciter une attitude coopérative, on peut qualifier ce genre de comportement d'«attitude vraiment inutile». Combien de fois avez-vous vu des parents furieux crier après leurs enfants qui avaient fait tomber quelques bananes sur le sol au supermarché ? Et des employés à la mine ennuyée et désintéressée ? Et un médecin impatient et désagréable ? Toutes ces personnes affichent des attitudes inutiles. Je ne porte aucun jugement, je souligne simplement que d'un point de vue purement communicatif, ce n'est peut-être pas le meilleur moyen de faire passer un message. Encore faut-il en avoir un à faire passer. D'ailleurs tout est là. Une attitude inutile est souvent le fait de ceux qui ne savent pas exactement ce qu'ils cherchent en communiquant.

Si vous ne savez pas ce que vous voulez, vous n'aurez pas de message à faire passer, et vous ne pourrez établir de contact avec autrui.

La plupart des gens pensent en fonction de ce qu'ils ne veulent pas et non en fonction de ce qu'ils veulent, et cela se reflète dans leur attitude. Dire : «J'en ai ras-le-bol des remarques permanentes de mon patron» n'a rien à voir avec : «Je veux être calife à la place du calife» ou «Je veux une promotion». De même, dire : «J'en ai marre de vendre des cravates toute la journée» n'a pas le même impact sur l'imagination qu'une phrase comme : «Je veux être directeur d'un club de plongée à Hawaï».

Votre imagination est votre plus grande force, bien plus que votre volonté. Pensez-y. Votre imagination envoie à votre cerveau des messages constitués d'images, de sons, de sentiments, d'odeurs et de goûts. Elle déforme la réalité. Elle peut travailler aussi bien pour vous que contre vous. Elle peut vous mettre d'humeur excellente ou exécrable. Ainsi, plus vous la nourrirez d'informations, plus vos pensées, vos attitudes et même votre vie seront organisées.

C'EST VOTRE CHOIX

J'ai une bonne nouvelle : c'est à vous de choisir votre attitude. Alors, pourquoi ne pas opter pour une attitude vraiment utile ?

Imaginons que vous vous trouviez à l'aéroport international de Nice et que vous ayez raté votre correspondance pour Ibiza. Il vous faut absolument prendre le prochain vol. Vous vous rendez donc au comptoir de la compagnie et vous vous en prenez à l'employé. Voilà bien une attitude vraiment inutile. Si vous souhaitez obtenir toute l'aide que ce malheureux peut vous accorder, la meilleure chose à faire est d'adopter une attitude vraiment utile afin de nouer le contact et d'obtenir sa coopération.

Je vais certainement regretter cet aveu, mais j'ai réussi à éviter des dizaines de contraventions (il m'est également arrivé d'en payer quelques-unes) et pas seulement pour des problèmes de stationnement. Je suis certain que si j'avais commencé mon argumentation en disant au policier que son radar n'était pas branché, ou si j'avais tout de suite perdu mon sang-froid en lui assénant que j'étais le cousin du maire et que je ne remettrais plus jamais les pieds dans cette ville, l'histoire aurait vite été réglée ! Si je voulais que ce policier m'apprécie, qu'il me comprenne et qu'il ne me verbalise pas, je devais adopter une attitude vraiment utile en disant par exemple : «Je suis désolé» ou : «Je l'ai mérité, quel idiot je suis», ou encore : «Oh là, vous avez raison, heureusement que vous étiez là».

La dernière fois que je me suis fais prendre, le policier m'a suivi sur le parking d'un supermarché et s'est garé juste derrière moi. Je suis descendu de ma voiture, et j'ai marché à sa rencontre. Son apparence physique, sa barbe et l'aspect de son corps m'ont indiqué qu'il était kinesthésique, c'est-à-dire quelqu'un pour qui les sensations sont dominantes (vous en apprendrez plus là-dessus plus tard). Mes premiers mots ont donc été : «Bien vu !» J'ai dit cela car je savais très bien que j'étais en tort. Il m'a gentiment fait la morale sur ce que je venais de faire avant de me laisser partir avec un simple avertissement. Ce que je veux dire, c'est que mon attitude a influencé le ton de cette rencontre, car je savais ce que je voulais.

Lors d'un face à face, votre attitude vous précède. C'est la force centrale de votre vie, et d'elle dépendent la qualité et l'apparence de tout ce que vous faites.

Il ne faut pas une grande imagination pour cerner une attitude vraiment négative : colère, impatience, vanité, ennui, cynisme. Mieux vaut se concentrer un moment sur l'attitude vraiment positive. Lorsque vous rencontrez une personne pour la première fois, vous pouvez être curieux, enthousiaste, interrogateur, serviable, engageant ou – mon attitude préférée – chaleureux. Il y a quelque chose de grisant dans un contact humain chaleureux. En fait, les scientifiques ont découvert qu'un tel contact irrigue le cerveau de flux euphoriques. N'est-ce pas là une attitude vraiment positive ? Pas la peine de préciser que de tels sentiments sont plus utiles que la vengeance ou le manque de respect.

Demandez-vous ce que vous voulez maintenant, en ce moment même, et quelle attitude vous serait la plus utile. Rappelez-vous qu'il n'y a que deux types d'attitudes à adopter face à nos contemporains : l'utile et l'inutile.

Combien de fois avons-nous vu un vendeur s'occuper de nous dans un magasin alors qu'il était clair qu'il aurait souhaité être ailleurs ? Ou un collègue sarcastique envers le réparateur de la photocopieuse alors que celui-ci aurait pu aller plus vite si on s'était montré un peu plus compréhensif avec lui, ou encore un passager grossier avec un chauffeur de taxi qui, soit dit en passant, était le seul à pouvoir l'amener à destination à temps ? Voilà des attitudes vraiment inutiles ! Sur le plan de la communication, elles sont vouées à l'échec.

L'attitude vraiment utile est le principal atout pour vous faire apprécier, c'est votre baguette magique. Votre posture, vos mouvements et vos expressions en diront des tonnes sur vous avant même que vous ayez ouvert la bouche.

Si vous savez ce que vous voulez et quelle attitude prendre pour ce faire, votre langage corporel et votre voix vont se modifier pour vous aider à atteindre votre but.

C'est une conclusion évidente : les gens qui savent ce qu'ils veulent ont tendance à l'obtenir, car ils sont concen-

ATTITUDE VRAIMENT UTILE	ATTITUDE VRAIMENT INUTILE
Amabilité	Anxiété
Assistance	Colère
Attirance	Égoïsme
Bienveillance	Embarras
Chaleur	Ennui
Confiance	Grossièreté
Confort	Impatience
Curiosité	Impétuosité
Débrouillardise	Moquerie
Décontraction	Peur
Enthousiasme	Pessimisme
Intérêt	Sarcasme
Joie	Soumission
Patience	Suspicion
Relaxation	Vanité
Serviabilité	Vengeance

trés et positifs, ce que reflète entièrement leur attitude. Adoptez une attitude aimable la prochaine fois que vous rencontrerez quelqu'un et observez ce qui va changer en vous. Vous aurez l'air aimable, votre voix aura des intonations aimables et vous utiliserez des mots aimables. C'est ce que l'on peut appeler le «kit complet de la communication». Les gens adaptent leurs réponses en fonction des signaux que vous leur transmettez. Dans le chapitre suivant, nous analyserons comment ces signaux se combinent pour former une image positive.

EXERCICE D'ATTITUDE

DÉCLENCHER D'AGRÉABLES SOUVENIRS

Vous savez comme certains bruits peuvent rappeler certains moments de votre vie. Lorsque j'avais huit ans, je suis parti en vacances avec ma mère, et je me revois debout devant un homme qui faisait cuire des beignets alors que Paul Anka chantait Diana en fond sonore. Aujourd'hui, à chaque fois que j'entends cette chanson, l'odeur des beignets fraîchement frits me vient aux narines, ainsi que le plaisant souvenir de ces vacances. C'est la chanson qui déclenche le souvenir. Le déclencheur peut être sonore ou visuel. Il peut également s'agir d'une émotion ou d'une action et, croyez-le si vous voulez, d'un poing fermé.

Suivez les étapes décrites ci-après, et vous comprendrez ce que je veux dire. Fermez la main qui vous sert pour écrire et serrez le poing fortement. Relâchez, puis recommencez une ou deux fois. Cette action sera votre déclencheur de souvenir.

1. Choisissez une attitude vraiment utile, une attitude qui, vous le savez d'expérience, est d'une grande aide lors d'une première rencontre : curieux, débrouillard, chaleureux, patient, etc. Attention, cette attitude doit vous être familière pour que vous puissiez la composer rapidement.

2. Trouvez un endroit agréable, calme et pas trop éclairé, où vous ne serez pas dérangé pendant au moins 10 minutes. Asseyez-vous, placez vos pieds bien à plat sur le sol, respirez lentement par l'abdomen (et non par le torse) et détendez-vous.

3. Maintenant vous êtes prêt. Fermez les yeux et remémorez-vous un moment de votre vie où vous avez naturellement ressenti l'attitude que vous avez choisie. Mentalement, reproduisez l'image de cette scène dans ses moindres détails. À quoi ressemblaient le premier plan et l'arrière-plan ? L'image est-elle nette ou floue ? Est-elle petite ou grande ? Prenez votre temps, jusqu'à ce qu'elle devienne aussi réelle que possible. Maintenant, entrez dans l'image et regardez autour de vous. Notez ce que vous voyez.

4. À présent, rappelez-vous les sons associés à cette image. Localisez leur provenance : à droite, à gauche, devant, derrière. Quelle est leur intensité ? Que sont-ils ? De la musique ? Des voix ? Faites attention au ton, au volume et au rythme. Écoutez attentivement, et ces sons reviendront naturellement. Analysez la qualité de chacun d'eux et essayez de comprendre en quoi ils correspondent à l'attitude choisie.

5. Retrouvez les sensations physiques liées à cet événement. Quelles impressions provoquent les choses qui vous entourent ? Quelle est la température de l'air ? Que portez-vous ? Comment êtes-vous coiffé ? Où êtes-vous ? Ensuite, rappelez-vous les sentiments que vous éprouviez et tentez de trouver leur origine. Concentrez-vous sur ces émotions et laissez-les vous envahir, vous transporter. Notez toutes les odeurs, les goûts et les saveurs qui viennent à vous.

6. Les yeux toujours fermés sur le monde extérieur, rouvrez-les sur cette scène intérieure. Affinez son image, rendez-la plus claire, plus grande. Rendez les sons plus forts, plus clairs, plus purs et plus parfaits. Rendez les sentiments plus riches, plus profonds, plus chaleureux. Observez leur variation suivant l'endroit où vous regardez, puis revenez au début et intensifiez-les. Recommencez le processus plusieurs fois et laissez ces sentiments vous envahir.

7. Rendez toutes ces sensations deux fois plus fortes, plus pures, encore et encore. À présent, tout votre corps et votre esprit sont immergés dans cette expérience. Vous la voyez, l'entendez, la sentez. Poussez ces sensations à leur paroxysme puis essayez d'en doubler l'intensité en refermant rapidement votre poing le plus fortement possible ; servez-vous-en comme d'une ancre jetée au sommet des sensations que vous avez engendrées. Sentez-les couler en vous. Intensifiez-les de nouveau, refermez votre poing et relâchez. Relaxez votre main et ressentez le flot de sensations couler de nouveau en vous. Recommencez plusieurs fois puis décontractez-vous. Enfin, revenez à la réalité à votre rythme et détendez-vous.

Attendez approximativement une minute puis testez votre déclencheur. Fermez le poing et observez comment les sentiments envahissent vos sens. Essayez de nouveau après plusieurs minutes. Vous pourrez désormais utiliser cette attitude vraiment utile dès que vous le désirerez.

Chapitre 5

L'action est plus parlante que les mots

Les premières impressions sont tenaces. Outre l'appréciation ami-ennemi qui s'offre d'instinct à nous lors de nouvelles rencontres, nous sommes dans l'attente des opportunités qu'elles offrent presque immanquablement.

Quels que soient nos efforts pour soutenir le contraire, l'apparence reste primordiale quand on voit quelqu'un pour la première fois. Être bien habillé contribue largement à faire bonne impression lors d'un premier contact, mais comment faire pour que les gens se montrent chaleureux à votre égard ? Comment faire ressortir les qualités qui font de vous un être exceptionnel ?

Le langage corporel

Votre langage corporel, c'est-à-dire votre posture, vos expressions et vos gestes, influence à 50 % le jugement des autres.

Quand on parle de langage corporel, on pense souvent à ce qui se passe sous le menton. Toutefois, la communication passe essentiellement par le visage. Les expressions faciales, les acquiescements et les mouvements de tête en disent autant, sinon plus, que les mouvements du reste du corps.

Les signaux envoyés par notre corps sont riches de sens et ont une portée globale. Certains sont en nous dès la naissance, d'autres sont le fruit de notre environnement et de notre culture. Partout dans le monde, la peur se traduit par un geste des mains pour protéger son cœur et des frissons dans le dos. De la même façon, un sourire est un sourire sur tous les continents, et la tristesse s'exprime par une contraction de la lèvre inférieure, à New York comme en Papouasie-Nouvelle-Guinée. Le poing fermé de la détermination et la paume ouverte de la vérité diffusent le même message de l'Islande à l'Indonésie.

Où que vous soyez sur terre, les parents bercent instinctivement leur bébé la tête reposée sur l'épaule gauche, près du cœur. Le cœur est le centre de toute chose. Les expressions du visage et le langage corporel répondent à l'organe qui aide votre corps à gérer sentiments, humeur et émotions, et cet organe est votre cœur.

De nombreux livres ont été écrits sur le langage corporel, mais en réalité, tout ce qu'il y a à en dire est qu'il se résume à deux grandes catégories : ouverture et fermeture. Un langage corporel ouvert expose le cœur tandis qu'un langage corporel fermé le défend et le protège. Lorsque nous établissons un contact, nous pensons en termes de gestes ouverts et de gestes fermés.

Langage corporel ouvert

Le langage corporel ouvert dévoile votre cœur et votre corps (dans les limites de la décence, bien sûr) et souligne la coopération, la concordance, la bonne volonté, l'enthousiasme et l'approbation. Les gestes qu'il induit sont destinés à être vus. Ils traduisent la confiance. Ils disent «Oui».

Votre corps ne sait pas mentir. Sans que vous en ayez conscience, il transmet vos pensées et vos sentiments dans un langage qui lui est propre et que le corps des autres comprend parfaitement. La moindre contradiction dans ce langage peut interrompre la bonne marche d'une communication.

Dans son grand classique, *How to Read a Person like a Book,* Gerard I. Nierenberg explique l'importance de la gestuelle ouverte. Il parle de mains ouvertes, de bras décroisés et de mouvements subtils adressés à une autre personne, mouvements qui veulent dire : «Je suis avec vous», et qui montrent votre ouverture d'esprit. Une veste ou un manteau ouvert exposant symboliquement le cœur en est un bon exemple. Bien utilisés, ces gestes livrent leur message : «Tout va bien.»

Une gestuelle positive et ouverte touche les autres. Dans ce cas, les gestes sont en général lents et délibérés. Lorsqu'une personne ouverte touche le cœur d'une autre personne, une connexion forte s'établit, et la confiance devient possible.

Lorsque vous rencontrez quelqu'un, ouvrez-lui immédiatement votre cœur. Croyez-moi, l'effet sera extraordinaire.

D'autres gestes ouverts consistent à se tenir debout les mains sur les hanches et une jambe de côté. Cette position indique enthousiasme et bonne volonté. Vous pouvez également vous avancer sur votre chaise (en accompagnant ce mouvement d'autres gestes ouverts). Se pencher en direction de son interlocuteur traduit l'intérêt qu'on lui porte, et le fait de décroiser bras et jambes signale que l'on est ouvert à toute suggestion.

Langage corporel fermé

Les gestes visant à protéger le corps et à couvrir le cœur révèlent une personne sur la défensive. Ils sont synonymes de résistance, de frustration, d'anxiété, d'obstination, de nervosité et d'impatience. Ce sont des gestes négatifs qui disent clairement «Non».

Croiser les bras est souvent une manifestation défensive. Les bras cachent le cœur et gardent les sentiments. Bien que vous puissiez être relativement détendu les bras croisés, il faut savoir que la différence entre des bras croisés détendus et des bras croisés défensifs réside dans les gestes qui accompagnent cette position. Par exemple, vos bras sont-ils légèrement enlacés ou serrent-ils fortement votre corps ? Vos mains sont-elles fermées ou ouvertes ?

Les gestes défensifs sont souvent rapides, évasifs et inconscients. Votre corps a sa propre interprétation, et il répond à votre attitude. Avec les bras croisés, le geste défensif le plus évident consiste à éviter le regard de l'autre et à se tourner sur le côté. Remuer sans cesse est également un geste négatif synonyme d'impatience et de nervosité.

Vous pouvez tout de suite voir la différence entre une personne qui vous fait face franchement et une autre qui se présente de profil en croisant les bras et en enfonçant la tête dans les épaules. La première vous présente directement son cœur, l'autre affiche une posture résolument défensive. Elle vous cache son cœur, le protège. Une personne s'ouvre à vous, l'autre se ferme. Ces deux attitudes suscitent des sentiments très distincts.

De la gestuelle

Le langage des mains fait évidemment partie du langage corporel. Il peut lui aussi être divisé en deux catégories : gestuelle ouverte (réponses positives) et gestuelle fermée (réponses négatives). Reste que les mouvements des mains sont plus complexes et expressifs. Un seul geste, comme un seul mot, n'a pas beaucoup de sens, mais une combinaison de gestes liée à une expression et un langage corporel particulier permet de comprendre qu'un poing fermé signifie : «Super ! Le cheval sur lequel j'ai parié est arrivé premier», et non : «J'ai envie de lui coller mon poing sur la figure !»

Le visage offre le même éventail d'expressions : afficher un grand sourire, croiser un regard, se montrer intéressé, curieux ou froncer les sourcils en sont quelques exemples. Lors d'une rencontre, baisser légèrement les yeux après un regard rapide signifie : «Je vous fais confiance. Vous ne m'effrayez pas.» Un regard appuyé renforce cette impression positive. Durant une conversation, nous acquiesçons en fin de phrase pour montrer notre approbation.

Au contraire, un visage fermé est contracté, les lèvres sont pincées, et le regard est fuyant. Autre élément à classer du côté négatif : ce que nous appellerons poliment le visage neutre ou inexpressif. Vous voyez à quoi je fais allusion : à ces personnes qui vous fixent avec des yeux de merlan frit. Dans le prochain chapitre, nous verrons comment réagir à ce masque, qui peut s'avérer très déconcertant lorsqu'on n'y est pas préparé.

Lors de mes conférences, il m'arrive fréquemment de reconnaître des gens qui viennent m'écouter pour la deuxième ou la troisième fois. Je les identifie grâce à leur «air de reconnaissance» quand ils me voient. Ils expriment

Séduire

Durant un flirt, vous laissez quelqu'un faire votre connaissance en espérant aller plus loin. Évidemment, le langage corporel joue un rôle essentiel dans ce jeu, et l'échange de regards est encore plus important. Des dizaines de petits gestes sont utilisés pour faire passer nos messages sexuels : incliner la tête, garder les yeux rivés l'un à l'autre un peu plus longtemps qu'il ne faut, modifier l'angle des hanches et se passer la main dans les cheveux. Regarder de côté est un signe de doute, mais associé à un léger sourire et à un plissement des yeux, cela devient un acte de séduction très sensuel.

Un homme communique en paradant, une femme en bougeant les hanches. Petit à petit, ils attisent l'intérêt qu'ils éprouvent l'un pour l'autre grâce à leurs postures et leurs regards jusqu'à ce qu'ils se synchronisent par un petit geste qui marque le déclic.

une attitude d'anticipation silencieuse qui les distingue. Parfois, le même genre d'attitude peut fonctionner à merveille avec des inconnus. Si vous êtes seul, essayez tout de suite. Souriez en entrouvrant la bouche, arquez les sourcils et relevez légèrement la tête en regardant fixement une personne imaginaire. Vous pouvez également incliner la tête et changer d'expression en déplaçant légèrement votre regard de cette personne virtuelle à un point à droite ou à gauche et vice-versa. Pratiquez cette méthode chez vous puis essayez avec quelqu'un en étant aussi subtil que possible.

Au printemps dernier, j'ai loué un bus pour ma fille et ses amies en vue d'une balade nocturne en ville à l'occasion de leur soirée de fin d'études. Alors que je réglais la note à l'agence de location, je remarquai une dame assise devant le bureau d'à côté. Elle m'observait avec l'air de me connaître, et je me creusais la cervelle en vain pour la remettre.

Enfin, je dus me résoudre à dire : «Excusez-moi mais nous sommes-nous déjà rencontrés ?

– Non, répondit-elle sérieusement, puis elle se leva de son bureau et me tendit la main en souriant avant de dire : Enchantée, je m'appelle Nathalie.»

Je me suis senti obligé de parler le premier, et elle a répondu avec politesse. Elle s'est levée, m'a tendu la main, a souri et s'est présentée. Tout cela était-il aussi innocent qu'il y paraît ? L'important est que nous avons communiqué, et qu'elle m'a fait parler le premier.

Cohérence et crédibilité

Pourquoi aimons-nous les grands acteurs et pourquoi entrons-nous dans leur jeu alors que nous savons pertinemment qu'ils ne font que lire les lignes écrites par un autre ? Parce qu'ils sont crédibles. Ils sont convaincants.

En 1967, le professeur Albert Mehrabian, actuellement professeur émérite de psychologie de l'université de Los Angeles, a réalisé l'étude la plus complète à ce jour sur la communication. Il en ressort que la crédibilité dépend de la cohérence, ou de la convergence, des trois aspects de la communication. Dans un article intitulé *Décoder la communication contradictoire,* il décompose un message suivant ces trois canaux. Ainsi, 55 % de notre intérêt concernent la composante visuelle, 38 % la composante sonore et 7 % le vocabulaire utilisé.

Albert Mehrabian les appelle les trois V de la communication, pour **visuel**, **vocal** et **verbal**. Pour être crédibles, ils doivent tous délivrer le même message. C'est la base de tout contact planifié. Plus de la moitié de notre communication ne passe pas par les mots. C'est l'apparence de

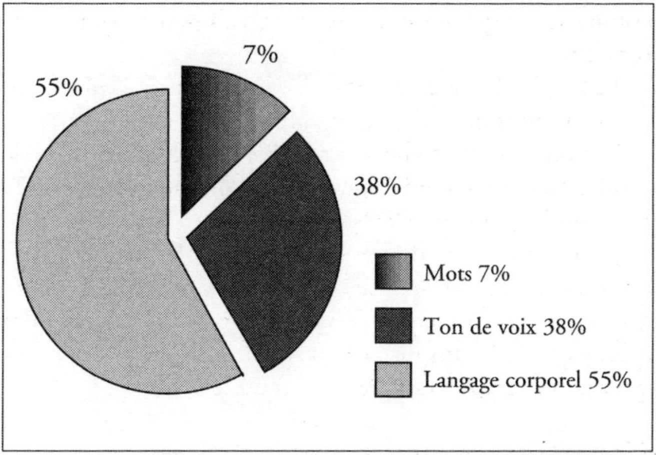

cette communication, notre langage corporel, qui prime : notre manière d'agir, de nous habiller, de bouger.

Besoin de preuves ? Repensez à la dernière fois où vous étiez face à une personne les bras croisés sur la poitrine, tapant du pied et affichant un air ennuyé mais vous affirmant : «C'est très intéressant.»

Qui avez-vous cru, le corps ou les mots ? Il n'est pas rare que le physique parle plus clairement que les mots. Comme 55 % de notre communication s'appuient sur le langage corporel, notre corps peut facilement, consciemment ou non, révéler notre ouverture ou notre fermeture d'esprit à quelqu'un d'autre. Les gestes, plus que les mots, sont révélateurs de nos réactions instinctives.

Si vous souhaitez être jugé digne de confiance, vous devez être pertinent. Vos langages parlé et corporel doivent dire la même chose. Dans le cas contraire, le corps de votre interlocuteur exprimera son malaise au vôtre, qui le signalera à votre cerveau par un mélange chimique correspondant à l'embarras qu'éprouve l'autre. Vous serez alors

MESSAGES CONTRADICTOIRES

Rose, serveuse de son état, plie la page d'annonces publicitaires qu'elle a arrachée du journal, nettoie la table où prendra place son nouvel ordinateur et quitte son appartement.

Dans le magasin de matériel informatique et électronique, alors que Rose inspecte le dernier ordinateur de marque Megahype, un jeune vendeur remarque la feuille de publicités qu'elle tient à la main. Il s'approche d'elle, déboutonne sa veste, écarte les mains, paumes vers le ciel, et la regarde droit dans les yeux.

«Je vois que vous l'avez déjà trouvé, dit-il. Bonjour, je m'appelle Bryan.»

Durant les dix minutes suivantes, un Bryan décontracté et sincère parle à Rose. Il se tient devant elle les mains en évidence et se penche vers elle de temps à autre pour détailler les avantages de l'ordinateur. Rose écoute avec intérêt, la tête inclinée d'un côté et la main sur la joue, lorsque Bryan lui offre une réduction de 100 euros.

Finalement, alors qu'elle se gratte le menton en prenant sa décision, Rose acquiesce.

«Oui, dit-elle. C'est le modèle qu'il me faut.

– Super, dit Bryan en se frottant les mains. Donnez-moi cinq minutes pour le descendre au sous-sol et lui trouver une boîte.»

Rose le regarde de travers et grimace.

tous les deux mal à l'aise, et votre conversation sera bien pénible à terminer. Lorsqu'ils remarquent une discordance entre vos mots et vos gestes, la plupart des gens se concentrent sur les gestes et calquent leur attitude sur ces derniers.

Vous arriverez à être crédible lorsque votre corps, votre

«Vous n'en avez pas un neuf déjà emballé ?

– Ce sera difficile d'en trouver un.» Bryan serre les poings avant de cacher ses mains dans les poches de sa veste. «C'est une telle affaire qu'ils partent comme des petits pains.» Il reboutonne sa veste, hausse les épaules et rit nerveusement.

«Alors, c'est un modèle de démonstration ?» Rose penche la tête d'un air inquisiteur.

«Il est arrivé ce matin», lui répond Bryan en arborant un sourire forcé. Il croise les bras sur la poitrine et se détourne, faisant semblant d'être distrait par quelque chose du côté du rayon des téléviseurs. Sa voix devient hésitante lorsqu'il dit : «La garantie est la même que pour un appareil neuf.»

Rose se frotte le nez en signe de doute.

«Il est arrivé ce matin ? Très bien. Pouvez-vous me mettre ça par écrit ?»

Bryan lui tourne le dos pour se pencher derrière l'écran et tripoter les câbles. Tous les prétextes sont bons pour ne pas la regarder en face. Il tombe sur son reflet dans un miroir mural. «Quel idiot je suis !» se dit-il. Il se mordille les lèvres et se tourne vers Rose, mais la jeune femme est déjà partie.

En bonne serveuse, Rose est habituée à décoder le langage corporel de ses semblables. Elle a vu que la gestuelle du vendeur était en contradiction avec ses mots (manque de conviction), et elle savait qu'elle devait croire ses gestes. Le ton de voix de Bryan, passant de l'information à la supplication, n'a fait que confirmer ses doutes.

voix et vos mots seront en parfaite osmose. Quand ils livreront le même message, vous aurez l'air sincère, et vos semblables auront tendance à vous croire. Voilà toute l'importance d'une attitude vraiment utile. Avoir l'air sincère ou convaincant est la clé de la confiance qui vous ouvrira la porte de l'amitié.

Exercice de crédibilité

Les mots et le ton

Prononcez les phrases ci-dessous avec un ton de voix différent, traduisant la colère, l'ennui, la surprise et la séduction. Observez comment votre langage corporel, l'expression de votre visage et votre respiration s'adaptent à votre état émotionnel.

«Il est tard.»
«J'en ai assez.»
«Regarde-moi.»
«Où êtes-vous né ?»

Pour vérifier votre ton, faites appel à un ami et prononcez une ou deux de ces phrases. Votre ami peut-il vous dire quel sentiment vous avez exprimé ? Si la réponse est non, travaillez jusqu'à ce que votre ton de voix devienne évident.

Assurez-vous que vos mots, votre voix et vos gestes livrent tous le même message. Cherchez le manque de pertinence chez les autres et notez vos réactions face à ce genre de situation.

Nous avons tous vu ces vieux films où un couple circule en voiture. Le conducteur tourne le volant dans tous les sens alors que l'arrière-plan nous montre une route droite comme une flèche. C'est bidon, vous savez bien qu'en réalité tout se déroule en studio. Vos sens vous préviennent que quelque chose ne va pas, ne tourne pas rond, et vous ne croyez pas ce que vous voyez. De la même manière, vous est-il déjà arrivé de vous faire insulter par une personne folle de rage qui, au milieu d'une bordée d'injures, a esquissé un petit sourire sinistre qui a disparu aussi rapidement qu'il était venu ? Ça fait froid dans le dos. Voilà un autre exemple de comportement incongru, car le sourire ne fait pas partie de la panoplie de la colère. Le manque de sincérité est évident.

Reconnaître un comportement incongru est un autre de nos instincts de survie. Si vous êtes en vacances et qu'un parfait inconnu vous approche en affichant un sourire mauvais, en se frottant les mains et en se passant la langue sur les lèvres avant de dire : «Bonjour, voudriez-vous investir dans l'affaire la plus rentable de tous les temps ?», il est clair que vous serez très méfiant. Analyser la sincérité d'autrui se fait automatiquement. C'est pourquoi la première impression est d'une importance capitale.

Il n'est pas rare que les émotions et les intentions d'une personne soient mal comprises par son entourage. Durant un de mes séminaires, par exemple, une dame a découvert qu'elle prenait inconsciemment un ton de voix en désaccord avec les mots qu'elle utilisait. Elle devait constamment se justifier quand je l'interrogeais : «Non, je vous assure, cela m'intéresse» ou : «Non, je ne suis pas mal à l'aise, je me sens très bien». Et ainsi de suite jusqu'à être au bord des larmes et déclarer : «Maintenant je sais pourquoi mes enfants me disent toujours : "Maman, pourquoi es-tu toujours en colère après nous ?" Mais je ne suis pas en colère contre eux. Parfois, je suis simplement un peu anxieuse.»

La même personne nous a confié que ses collègues de travail l'accusaient d'être sarcastique mais, selon elle, rien n'était plus faux. En fait, le sarcasme est le résultat d'une discordance entre le ton de voix et les mots. Ainsi, l'interlocuteur ne reçoit que le message porté par la tonalité. Imaginez que vous abandonniez votre équipe de foot au mauvais moment et que l'un de vos compagnons vous lance : «Bravo, bien joué !» sur un ton contrarié. Cela n'a rien à voir avec un «Bravo, bien joué !» que la même personne vous aurait adressé avec enthousiasme après que vous ayez marqué un but fantastique.

La conviction répond à une seule règle d'or : si vos gestes, le ton de votre voix et vos mots ne livrent pas le même message, les gens ne retiendront que vos gestes. Présentez-vous devant un ami, pincez vos lèvres, froncez les sourcils, croisez les bras sur votre poitrine et dites-lui : «Je t'apprécie beaucoup.» Demandez-lui ce qu'il en pense. Ou mieux, essayez devant un miroir et vous comprendrez vite de quoi je parle. Votre gestuelle révèle vos véritables sentiments.

Être soi-même

Êtes-vous anxieux à l'occasion d'une nouvelle rencontre ? Physiologiquement, l'anxiété et l'excitation sont des états ayant beaucoup de points communs : le cœur s'emballe, l'estomac se noue, la respiration se fait pénible et le trac fait son apparition. Pourtant, vous avez la possibilité d'utiliser l'un de ces désagréments pour arriver à vos fins. La panique a tendance à accompagner la nervosité et, naturellement, les fonctions corporelles s'accélèrent. Parce que la nervosité provient d'un discernement exacerbé, essayez de contrôler ce dernier pour le rendre plus délibéré et réfléchi. Une bonne technique est d'imaginer que vos narines se trouvent juste sous votre nombril, et que votre respiration se fait là. Contrôlez-la, et vous aurez l'air d'avoir une parfaite maîtrise de vous.

Persuadez-vous d'être excité plutôt qu'anxieux, et vous parviendrez à convaincre votre subconscient que c'est votre état naturel. Tout repose là-dessus. Changez votre attitude, votre langage corporel et le ton de votre voix, et vous construirez une nouvelle attitude. Gardez à l'esprit que la plupart des gens désirent le contact autant que vous. Ils vous accorderont volontiers le bénéfice du doute.

Ne forcez surtout pas votre nature ! Lors d'une étude réalisée à l'université de Princeton, on a demandé à des étudiants des deux sexes quelle était leur méthode d'approche lors d'une première rencontre. La réponse la plus répandue fut «un grand empressement». Ne souriez pas exagérément, n'essayez pas d'avoir trop d'esprit ou d'être trop poli et, surtout, résistez à la tentation d'être condescendant.

Au fur et à mesure que vous serez plus à l'aise dans votre attitude, votre entourage remarquera les caractéristiques qui vous sont propres, qui vous différencient des autres et font de vous un individu à part entière. Vous mettrez naturellement et facilement vos qualités en avant et obtiendrez un contrôle plus conscient et confiant de votre capacité à établir un contact.

Vous ne pourrez en aucun cas être faux quand l'attitude, utile ou non, que vous aurez choisie viendra de votre for intérieur. En effet, votre attitude vous précède, c'est un élément essentiel de la première impression que vous donnez lors d'une nouvelle rencontre.

Chapitre 6

Qui se ressemble s'assemble

Mon voisin adore la pêche. Tout comme ses deux fils qui, soit dit en passant, ressemblent à leur père jusque dans leur démarche. C'est ce qu'on appelle un air de famille ! Je ne pêche pas, et mes cinq enfants non plus, mais nous avons tous le même sens de l'humour. C'est déjà pas mal ! Ma tante, en Écosse, est médecin, et sa fille aussi. Elles pensent les mêmes choses. Autre coïncidence ? Le plombier de notre village descend de trois générations de plombiers. La dame à qui j'avais un jour acheté du Gouda au marché du vendredi à Leyde, près d'Amsterdam, travaillait avec sa mère et sa fille, et elles étaient toutes les trois habillées de même.

Que faut-il en déduire ? Ces gens suivent-ils une sorte de schéma ? Pourquoi se ressemblent-ils tant ? Ils ont grandi dans un environnement physique et mental harmonieux. Ils sont synchronisés.

Depuis qu'il a trois ans, le fils cadet de mon voisin sait tenir une canne à pêche avec dextérité, comme son père. Il s'assoit de la même manière que lui, et quand il prépare son hameçon, il jette un regard à son père pour chercher son approbation. Ce dernier n'a besoin que d'une expression du visage quasi imperceptible pour lui dire : «Continue», «Fais attention» ou «Non, tu t'y es mal pris». Le garçon apprend d'instinct de son père, qui le guide subtilement par ses expressions, son langage corporel et, de temps en temps, sa gentillesse et l'encouragement de sa voix. À présent, il sait pêcher comme son père.

Synchronisation naturelle

Nos compétences nous viennent des conseils et du contact des autres. En captant les signaux envoyés par nos parents, nos amis, nos collègues, nos professeurs, nos entraîneurs, la télévision, les films – en un mot, notre environnement –, nous organisons et adaptons notre comportement en nous synchronisant avec nos proches depuis notre naissance. Le rythme biologique d'un bébé est synchronisé avec celui de sa mère. L'humeur d'un enfant se calque sur celle de son père. Un enfant choisit ses jouets favoris pour être en osmose avec ses camarades de jeu. Les goûts d'un adolescent suivent la dernière mode, et ceux d'un adulte sont influencés par les goûts de son (ou sa) fiancé(e), de ses ami(e)s et de son entourage.

Chaque jour, nous nous synchronisons avec ceux qui nous entourent. Nous le faisons tout le temps. C'est ce qui nous permet d'exister. Nous influençons toujours le comportement des autres, et ils font de même avec nous. À chaque instant passé avec une autre personne, nous ajustons notre comportement, et cette personne en fait autant. C'est cela, la synchronisation. Inconsciemment, nous émettons des signaux et les transmettons aux autres par nos émotions. C'est de là que nous tirons notre force et nos convictions. C'est ainsi que nous nous sentons en sécurité, c'est ainsi que nous évoluons. Voilà pourquoi les gens aiment, font confiance et se sentent à l'aise avec ceux qui leur ressemblent.

Les gens engagent ceux qui leur ressemblent. Les gens achètent à ceux qui leur ressemblent. Les gens sortent avec ceux qui leur ressemblent. Les gens prêtent de l'argent à ceux qui leur ressemblent, et ainsi de suite, à l'infini.

Vous avez certainement remarqué qu'il vous arrive d'avoir des affinités immédiates avec quelqu'un que vous venez juste de rencontrer. Inversement, vous pouvez avoir une répulsion immédiate envers quelqu'un que vous ne connaissez pas. Cela nous est arrivé à tous, mais nous ne nous sommes jamais demandé pourquoi. Pourquoi nous sentons-nous naturellement à l'aise avec certains ? Pensez aux personnes que vous avez rencontrées ces dernières semaines. Revivez mentalement ces rencontres. Qu'avaient donc de particulier les gens que vous avez appréciés ? Par hasard, vous pouvez partager avec eux des intérêts, une attitude ou même une façon de se déplacer. Les gens qui s'entendent bien ont en général des points communs. Ceux qui partagent les mêmes idées, aiment la même musique, les mêmes plats, lisent les mêmes livres ou partent en vacances aux mêmes endroits auront plus de probabilités de s'entendre que ceux qui n'ont rien en commun.

Nous aimons ceux qui nous ressemblent. Nous sommes à l'aise avec ceux qui nous sont familiers (d'où vient le mot familier à votre avis ?). Regardez vos meilleurs amis. Vous vous entendez bien avec eux parce que vous avez les mêmes opinions et peut-être aussi la même façon d'agir. Bien sûr, vous aurez des occasions de vous disputer mais, dans le fond, vous êtes semblables.

Les gens partageant des centres d'intérêt se rapprochent naturellement. Si vous et l'un de vos collègues avez une passion commune pour les sports automobiles, cela peut être la base d'une relation. Peut-être avez-vous deux bambins et aimez-vous aller au parc chaque après-midi pour rencontrer les mères dans la même situation ? C'est encore une bonne base de contact. Connaissez-vous cet adage : «Qui se ressemble s'assemble» ? Nous sommes tout simplement plus à l'aise quand nous sommes entourés de gens qui nous ressemblent.

Les rencontres fortuites sont sincères à plus d'un titre. Partager des croyances, une apparence, des goûts ou des circonstances apporte de l'eau au moulin de la conversation. Vous pouvez vous sentir bien avec une personne dont la voix est fluide et expressive, comme avec une personne sensible, à la tonalité vocale plus calme et douce. Vous aimez peut-être la compagnie des gens qui partagent leurs sentiments en communiquant ou bien au contraire de ceux qui vont droit au but sans mâcher leurs mots. Lorsque vous faites une rencontre due au hasard, vous entrez en contact avec quelqu'un qui a grandi avec – ou qui a développé –, un style similaire au vôtre.

L'ART DE LA SYNCHRONISATION

Pourquoi attendre qu'un contact se fasse naturellement ? Pourquoi ne pas se synchroniser directement avec le comportement d'une personne à l'instant où nous l'avons rencontrée ? Pourquoi ne pas investir 2 minutes de notre temps pour établir un contact planifié ?

Allez dans un restaurant, un café, un centre commercial ou n'importe quel autre lieu public où les gens se réunissent, et identifiez autour de vous ceux qui sont «en relation» et ceux qui ne le sont pas. Les personnes qui se connaissent s'assoient de la même manière. Vous avez remarqué comme elles se penchent l'une vers l'autre ? Notez la position de leurs bras et de leurs jambes. Les personnes proches sont presque aussi synchronisées que des danseurs. L'une saisit son verre, l'autre fait de même. L'une s'appuie sur le dossier de sa chaise, l'autre l'imite, et si l'une parle doucement, l'autre parlera de la même manière. Et la danse continue : position des corps, rythme et ton des voix. Maintenant, portez votre attention sur les personnes qui sont ensemble mais qui ne sont pas synchronisées l'une par rapport à l'autre et notez leurs différences. Quels couples ou quels groupes paraissent passer un bon moment ?

J'ai donné récemment une conférence dans un auditorium à Londres, et devant moi, à dix rangées de mon pupitre, était assis un couple remarquablement assorti. Ils étaient tous deux très bien habillés, avec un grand soin des couleurs et du détail. Lorsque je les ai remarqués, ils étaient dans une position parfaitement identique, la tête penchée sur la droite et les mains posées sur leurs accoudoirs respectifs. Ils étaient semblables à des nageurs synchronisés, acquiesçant et souriant à l'unisson. Ils m'ont confirmé tout ce que je pensais d'eux. Je les ai rencontrés après la conférence, et j'ai appris qu'ils étaient mariés depuis 47 ans. Ils étaient dynamiques, en bonne santé, heureux et totalement synchronisés.

Notre but est de trouver la structure de la synchronisation et de la modifier en fonction des gens que nous rencontrons. Pour établir une relation, il faut avant tout apprendre à se synchroniser avec ce que le professeur Mehrabian appelle les trois V de la communication humaine – pour rappel : visuel, vocal et verbal – afin de ressembler le plus possible aux autres.

N'est-ce pas hypocrite ou malhonnête ?

Non. Rappelez-vous ce dont nous parlions il y a deux minutes à peine. Il n'est pas question de procéder à une métamorphose irréversible de votre personnalité. Vous devez juste vous synchroniser avec une autre personne pour la mettre à l'aise et accélérer ce qui se passerait naturellement si vous aviez plus de temps. L'idée n'est pas de rendre vos mouvements, le ton de votre voix et votre vocabulaire totalement identiques à ceux de votre interlocuteur, mais plutôt de réagir avec lui de la même manière qu'avec vos amis.

La synchronisation n'est ni plus ni moins qu'un outil pour nous connecter à notre principale ressource : les autres. Nous sommes instinctivement attirés les uns vers les autres, qu'il s'agisse d'obtenir de l'aide, de partager des émotions ou de satisfaire des besoins physiques. Dans tous ces cas, la synchronisation aura pour but d'accélérer notre unification mentale.

En voyage à l'étranger, n'avez-vous pas déjà eu besoin d'un adaptateur pour faire marcher votre sèche-cheveux ou votre rasoir électrique ? C'est exactement la même chose lorsque vous désirez vous «connecter» à quelqu'un. Comme votre sèche-cheveux ou votre rasoir électrique, vous avez besoin d'un adaptateur. C'est ainsi qu'il faut voir la synchronisation, comme un outil d'adaptation qui permet d'entrer en relation avec les autres sans effort, à volonté et rapidement. La synchronisation pousse votre interlocuteur à s'ouvrir, à se détendre et à se sentir bien à vos côtés. Vous faites ce qu'il fait, vous devenez son semblable jusqu'à ce qu'il pense : «Il y a quelque chose chez cette personne que j'aime vraiment beaucoup.»

La synchronisation peut être comparée à un bateau que vous devez manœuvrer dans la même direction, à la même vitesse et au même rythme que celui d'un autre, en calquant l'allure, le mouvement, la respiration, l'humeur et le point de vue de l'autre skipper.

Un soir, il y a quelques années, je me trouvais dans un chalet à la montagne où j'attendais que mes deux fils aient terminé leur séance de ski nocturne. Soudain, notre voisin, un avocat avec lequel nous entretenions des rapports courtois, passa devant moi. En le voyant, l'idée me vint d'essayer de me synchroniser avec lui. Je décidai de la marche à suivre (rappelez-vous, il faut savoir ce que l'on veut) et me résolus à poursuivre mes efforts de synchronisation jusqu'à ce qu'il esquisse un geste résolument amical. Je me levai calmement, et il remarqua ma présence. Nous étions au milieu d'un grand hall.

«Bonsoir», me dit-il en me serrant la main, un léger sourire aux lèvres.

Reprenant le ton de sa voix, son sourire et sa posture je répétai : «Bonsoir.»

Il posa une main sur la hanche et de l'autre, il pointa la fenêtre du chalet.

«J'attends que mes gosses finissent de skier, me dit-il.

– Moi aussi, répondis-je en imitant ses gestes, j'attends mes gosses.»

Je m'étais synchronisé avec lui durant les 30 secondes d'une conversation innocente, quand soudain il me déclara : «Vous savez, on ne se voit pas assez souvent. Pourquoi ne viendriez-vous pas dîner chez nous avec votre famille un de ces soirs ?»

Aussitôt, rendez-vous fut pris. Je pouvais presque lire ses pensées rien qu'en observant le mouvement de ses lèvres. Il se disait : «Il y a quelque chose chez lui que j'aime vraiment beaucoup, mais je ne suis pas certain de savoir ce que c'est.» Évidemment, s'il avait senti que je ne faisais que le copier, il ne m'aurait jamais invité à dîner.

Je l'avais approché avec une attitude chaleureuse vraiment utile et, bien que je me sois synchronisé avec lui, j'étais resté franc en surface. Je m'étais placé devant lui, j'avais repris sa posture, ses gestes et les expressions de son

LE TYRAN

M. Szabo, patron d'une grande chaîne de supermarchés, est réputé dans le monde des affaires pour ses manières intimidantes. Un jour, il convoque dans son bureau les responsables marketing de trois produits compétitifs et populaires dans tout le pays. Il emmène les trois managers au rayon où leurs produits sont exposés et commence à en critiquer la présentation. Alors qu'il agite les bras en montrant ce qui ne va pas, il hausse et baisse le ton, s'arrête de temps à autre pour dévisager l'un de ses interlocuteurs et se permet même d'enfoncer l'index au creux de l'épaule de l'un d'eux, Paul. Après cette désagréable tirade, deux des managers acquiescent et présentent leurs plates excuses, ce qui donne à M. Szabo un nouveau bâton pour les battre.

Dès que M. Szabo a commencé sa diatribe, Paul s'est savamment synchronisé avec l'humeur et les manières de son patron. Lorsque vient son tour de répondre au directeur irrité, il devient M. Szabo, mais d'une manière totalement pacifique. Il utilise les mêmes mouvements des bras, le même ton de voix, les mêmes postures, la même attitude, et il enfonce même son doigt au creux de l'épaule de M. Szabo en lui disant : «Vous avez tout à fait raison.»

Alors qu'ils parlent depuis plus d'une minute, Paul a ralenti sa gestuelle, et M. Szabo a fait de même. À la fin de la conversation, M. Szabo passe son bras autour des épaules de Paul et l'emmène au bout du rayon. Là, il appelle l'un des manutentionnaires et lui dit : «Faites tout ce que cet homme vous dira.»

Paul a réussi à rejoindre M. Szabo dans son monde et l'a rallié rapidement, intelligemment et respectueusement à son propre point de vue.

visage. La partie vocale, c'est-à-dire le ton et le rythme de sa voix, avait été facile à copier. En plus, j'avais employé les mêmes mots que lui. C'est bien moins compliqué qu'il n'y paraît. Toute l'affaire n'avait duré que quelques secondes. Ce fut à la fois amusant et agréable. J'avais réellement envie de faire plus ample connaissance avec lui, et l'occasion idéale s'était présentée. Je suis certain que nous avons tous deux éprouvé le frisson de la nouvelle rencontre. Il n'y a rien au monde de plus excitant et de plus bénéfique que de tisser et de développer des relations pouvant nous mener vers une nouvelle amitié.

Que faire dans les cas difficiles ?

On me demande souvent que faire face à une personne résolument sur la défensive : mâchoires serrées, bras fermement croisés ou mains enfoncées dans les poches. Comment s'y prendre face à une personne brusque, timide, mécontente ou avec un individu arrogant et excessivement agressif ? Le but de ce livre n'est pas de donner des instructions détaillées visant à gérer les gens récalcitrants, mais voilà tout de même quelques conseils.

La première règle, lorsque vous tombez sur un cas difficile, est de vous poser la question suivante : «Cette personne m'est-elle vraiment indispensable ?» Si la réponse est non, laissez tomber. Si la réponse est oui, demandez-vous ce que vous en attendez. Que désirez-vous ? Ne pensez pas en fonction de ce que vous ne désirez pas.

Lorsqu'on se synchronise avec des gens difficiles, il est vital d'adopter une attitude pacifique. Quand vous aurez calqué le maintien de votre corps et votre ton de voix sur les leurs, vous pourrez alors les leur «faire quitter». Décroisez vos bras, laissez tomber vos épaules et regardez si votre interlocuteur fait de même. Dans le cas contraire, revenez une minute à votre position initiale et recommencez le processus autant de fois que nécessaire.

Un mot sur les personnes timides : il faut toujours trouver leurs centres d'intérêt. Copiez leur gestuelle et leur ton de voix, et posez-leur calmement un grand nombre de questions ouvertes (voir le chapitre suivant) jusqu'à ce que vous déceliez chez elles une lueur d'enthousiasme. Adoptez leur attitude et, petit à petit, poussez-les à quitter cette attitude. Penchez-vous en avant ou en arrière et voyez si elles font de même. Si ce n'est pas le cas, revenez à la case départ et synchronisez-vous dans le moindre détail. Vous serez surpris de l'efficacité de cette méthode.

Quand commencer une synchronisation ?

Ne laissez pas plus de deux ou trois secondes s'écouler avant de commencer. Rappelez-vous les séquences du chapitre 2 : ouverture («attitude vraiment utile» et langage corporel ouvert), cœur (pointé sur la personne), regard (être le premier à échanger un regard), rayonnement (être le premier à sourire), salut (se présenter), installation (montrer son intérêt en commençant à se synchroniser).

Tout ce qui agrandit le terrain d'entente et réduit les distances entre votre interlocuteur et vous est bon à prendre. La meilleure façon pour y parvenir est de se synchroniser avec tous les aspects de l'autre. Adoptez son attitude, faites les mêmes mouvements et parlez de la même manière.

Synchroniser votre attitude

L'attitude synchronisée prend en compte la situation et l'humeur. Elle est souvent d'un grand secours. C'est un peu comme quand vous soutenez un ami qui doit affronter une épreuve, lorsqu'un parent s'implique à fond lors d'un conseil de classe pour résoudre le problème d'un enfant, ou que vous partagez la joie d'un collègue qui vient d'obtenir une promotion. Quand nous «traversons» des événements avec les autres, nous sommes souvent synchronisés depuis le premier cri de joie ou de douleur.

Appropriez-vous les sentiments des autres, copiez leurs mouvements, leur façon de respirer, leurs expressions en

ÊTRE NATUREL

David cherche un cadeau d'anniversaire pour sa femme. Il a deux idées : le tout dernier ordinateur portable ou un tableau pour leur salle à manger.

Vu l'endroit où David s'est garé au centre commercial, il est plus pratique de commencer par l'ordinateur. David a de la chance. Il est arrivé en milieu de matinée, et la boutique est pratiquement déserte. Il s'approche du comptoir derrière lequel un vendeur en costume noir lui sourit. Jusque-là, tout va bien. Alors que le vendeur lui explique les différences entre les derniers modèles, il pose son pied droit sur le petit tabouret près de lui et s'appuie sur sa cuisse en continuant ses explications. Soudain, David n'a qu'une envie : sortir de là. Le problème ne vient pas des explications du vendeur, mais de sa posture, complètement désynchronisée par rapport à la sienne, ce qui le met très mal à l'aise.

Chez le marchand de tableaux, c'est bien différent. David tombe en arrêt devant une peinture qu'il regarde d'un air contemplatif. Tout son poids repose sur une jambe, ses bras sont croisés mais l'une de ses mains repose sur sa joue, un doigt posé à la commissure des lèvres. Au bout d'une minute, il remarque quelqu'un se tenant silencieusement près de lui et entend une voix calme et agréable dire : «Beau tableau, n'est-ce pas ?

– En effet, répond David d'une voix pensive.

– Appelez-moi si je peux vous aider», lui dit la dame à ses côtés avant de se retirer au fond de la galerie.

En moins de cinq minutes, David achète la peinture sans se poser de question.

Il a suffi à David de regarder la peinture pour se sentir à l'aise. La vendeuse s'est glissée sans bruit à ses côtés et a adopté son langage corporel et son attitude. Elle a établi un contact parfait en se synchronisant facilement avec David : 55 % de langage corporel, 38 % de ton de voix et 7 % de mots.

vous «identifiant profondément» à eux. Gorgez-vous de l'humeur générale que traduit leur voix et faites-la rayonner autour de vous.

Synchroniser votre langage corporel

Comme vous le savez déjà, le langage corporel compte pour 55 % de notre communication. C'est le moyen le plus évident, le plus facile et le plus efficace d'être en osmose lors de nos rencontres. Si vous ne retenez de ce livre que la manière de se synchroniser avec le langage corporel des autres, vous aurez déjà fait un bon bout de chemin.

Grosso modo, la synchronisation du langage corporel peut prendre deux formes : la reproduction, c'est-à-dire faire les mêmes choses que l'autre (il, ou elle, bouge la main gauche, vous bougez la main gauche) et la réflexion, soit, comme le nom l'indique, se comporter comme le reflet de l'autre dans un miroir (il, ou elle, bouge la main gauche, vous bougez la main droite).

Peut-être pensez-vous : «Mais les gens ne risquent-ils pas de remarquer que je copie leur attitude ?» En fait, non, à moins que votre imitation soit flagrante. Rappelez-vous que vos mouvements doivent être subtils et respectueux. Si quelqu'un se fourre un doigt dans l'oreille et que vous faites de même, il le remarquera certainement. Lorsqu'une personne est concentrée sur une conversation, elle ne remarquera pas une synchronisation subtile.

Gestes particuliers

Les mouvements des bras et des mains sont très faciles à imiter, que se soit par reproduction ou par réflexion. Certains haussent les épaules en parlant, d'autres agitent les mains. Faites tout ce qu'ils font. Si vous vous sentez embarrassé au départ, allez-y petit à petit et entraînez-vous jusqu'à devenir un expert en synchronisation. Identifier

EXERCICE DE SYNCHRONISATION

SYNCHRONISATION ET DÉSYNCHRONISATION

Pour cet exercice, vous aurez besoin de deux personnes que nous nommerons A et B. A est le premier à agir, B devant se synchroniser avec les actions de A. Quant à vous, vous jouez les arbitres.

Assis, debout ou en marchant, A et B discutent de choses et d'autres. A doit bouger suffisamment pour que B puisse se synchroniser avec ses gestes et ses mouvements. Au bout d'une minute, demandez-leur de briser l'harmonie. À partir de ce moment, les mouvements de B doivent être complètement distincts de ceux de A. Une minute plus tard, demandez à B de se synchroniser de nouveau avec A puis, une autre minute après, demandez-lui d'arrêter encore une fois. Pour finir, demandez-leur de se synchroniser une dernière fois.

Maintenant, prenez la place de A ou de B. Échangez les rôles pour que chacun d'entre vous expérimente toutes les facettes de l'exercice, et comparez vos impressions après chaque rotation. Vous entendrez des commentaires de ce genre : «Lorsque j'ai brisé la synchronisation, j'avais l'impression qu'un mur de pierre s'était élevé entre nous.» «Lorsqu'on a cassé la synchronisation, le niveau de confiance s'est écroulé.»

Vous pouvez également essayer cet exercice à l'extérieur. Synchronisez-vous quelques minutes avec quelqu'un, puis

les différents types de gestuelle est déjà un grand atout pour se faire apprécier en moins de 2 minutes.

Posture

On appelle posture toutes les attitudes du corps. La posture montre la manière dont les gens se présentent et révèle leurs émotions. C'est pourquoi nous parlons parfois faites délibérément l'inverse de ses mouvements pendant une minute avant de retourner à la synchronisation. Continuez ce petit jeu en notant les différences. Elles seront évidentes, croyez-moi !

Montrer l'exemple

Lorsque vous parlez avec un ami, il est possible que l'un de vous croise les jambes et que l'autre l'imite sans réfléchir. Cela signifie que l'un de vous suit la voie tracée par l'autre – un signe évident de bons rapports.

Quand vous serez passé maître dans l'art de la synchronisation, vous pourrez l'utiliser pour tester la qualité de vos relations. Après trois à quatre minutes, quoi que vous ayez fait avant et si l'autre ne vous a pas percé à jour, esquissez un geste subtil mais en total désaccord avec votre synchronisation (enfoncez-vous dans votre siège, croisez les bras ou inclinez la tête). Si votre interlocuteur vous imite, votre synchronisation est réussie, vous avez établi le contact, et cette personne suit inconsciemment votre exemple. Bougez la tête ou croisez les jambes, et cette personne vous imitera. Changez d'attitude, esquissez un geste ou modifiez le ton de votre voix et regardez si l'autre en fait autant. De cette manière, vous aurez une bonne idée de votre niveau de connexion. Si l'autre personne ne suit pas votre exemple, synchronisez-vous de nouveau avec ses mouvements et recommencez votre tentative quelques minutes plus tard jusqu'à ce que vous meniez la danse.

d'«adopter une posture». Lorsque vous pouvez adopter correctement la posture d'une personne, vous pouvez vous faire une bonne idée de ses sentiments.

Mouvements du corps

Que ce soit dans le cadre d'un entretien d'embauche ou d'une simple conversation en achetant votre billet d'entrée au musée, observez attentivement les mouvements corporels des autres avant de les reproduire ou de les réfléchir. Si l'autre croise les jambes, faites de même. Idem s'il s'accoude au piano à queue. S'il s'assoit de travers sur la banquette, imitez-le. S'il pose les mains sur les hanches, posez vos mains sur les vôtres. Les mouvements du corps comme s'accouder, marcher ou se retourner sont facilement imitables.

Inclinaisons et signes de la tête

Ce sont les mouvements les plus simples à imiter. Les photographes de mode savent que l'effet produit par une couverture de magazine exceptionnelle est dû à une inclinaison, un angle particulier du visage. Bien sûr, le visage est important, mais ce sont ses inclinaisons qui portent le message. Observez-les attentivement. La plupart des bons médecins savent interpréter ces mouvements de tête sans le moindre problème. Ils disent : «Je vous écoute», «Je vois ce que vous voulez dire» et «Je vous comprends».

Expressions du visage

À l'instar des inclinaisons et des signes de la tête, les expressions du visage traduisent l'acquiescement et la compréhension. Elles nous viennent naturellement. Lorsqu'on nous sourit, nous sourions naturellement en retour. Lorsqu'on nous adresse un regard surpris, nous le retournons. Observez autour de vous au restaurant : les personnes qui semblent très liées agissent ainsi en permanence. C'est un moyen naturel, aisé et infaillible de se faire apprécier en moins de 2 minutes. Vous pouvez reprendre en tout point le regard de votre interlocuteur. Qu'il soit furtif, direct ou timide, vous pourrez toujours le lui rendre à l'identique.

Respiration

Faites attention à la respiration. Est-elle rapide ou lente ? Vient-elle de la poitrine ou de l'abdomen ? Vous pouvez remarquer la manière dont une personne respire en observant ses épaules ou les plis de ses vêtements. Respirer de la même manière que votre interlocuteur peut lui donner un sentiment d'apaisement et de sécurité.

J'apprends à des volontaires qui s'occupent de malades du cancer à être en osmose avec eux. La première chose qu'ils doivent savoir faire est de respirer avec eux. Ensuite, ils doivent leur parler durant la période d'inspiration, ce qui a le don de les tranquilliser.

Rythmes

Les mêmes règles s'appliquent à tout ce qui est «rythmique». Si quelqu'un tapote le sol du pied, faites-en autant sur la table avec votre stylo. Si cette personne bouge la tête au rythme de la musique, battez la mesure sur votre cuisse. Dans les bonnes circonstances et utilisée de façon judicieuse, cette technique porte ses fruits – du moins si vous l'utilisez subtilement, sinon vous risquez de vous faire claquer la porte au nez. N'oubliez jamais : bon sens et discrétion.

Synchroniser votre voix

La voix compte pour 38 % dans toute communication. Elle reflète la personnalité ou, plus exactement, l'attitude. Les gens affolés auront une voix affolée, et les gens timides, une voix timide. Vous pouvez apprendre à vous synchroniser avec ces voix.

Le ton

Notez les émotions portées par le ton d'une voix. Positionnez-vous sur leur longueur d'ondes, ressentez-les puis reprenez ce ton de voix.

Le volume

La voix de votre interlocuteur est-elle forte ou douce ? Se synchroniser sur le «volume» de l'autre n'est pas une chose importante en soi, mais ne pas le faire peut avoir des conséquences néfastes. Si votre voix est naturellement forte et passionnée et que vous rencontrez une personne à la voix plus douce et réservée, il va sans dire que cette dernière se sentira bien plus à l'aise si vous adoptez un ton identique au sien. De même, celui qui possède une voix joviale et délurée trouvera plus facilement un terrain d'entente avec quelqu'un faisant montre du même degré d'exubérance.

Le débit

Votre interlocuteur parle-t-il rapidement ou lentement ? Un individu réfléchi, à la voix lente, peut être complètement déconcerté par un débiteur de mots à grande vitesse. Un orateur trop lent dans son débit peut également inspirer un profond ennui à une personne plus impulsive. Parler à la même vitesse que quelqu'un d'autre est aussi logique que marcher au même pas.

Le niveau

La voix est-elle aiguë ou grave ? Par le choix d'un niveau de voix, il est possible d'influencer l'attitude d'une personne. Lorsque vous augmentez le niveau et le volume de votre voix, vous êtes envahi par un sentiment d'excitation. En revanche, quand vous les baissez jusqu'au chuchotement, vous vous sentez plus calme.

Le rythme

Le discours est-il fluide ou décousu ? Certaines personnes parlent de façon mélodique tandis que d'autres ont un rythme plus pragmatique et méthodique.

Les mots

Voilà une autre zone de synchronisation importante : l'emploi des mots préférés de votre interlocuteur. Nous étudierons en détail ce monde fascinant dans le chapitre 9.

Vous synchroniser permet de connaître à fond votre interlocuteur et de mieux comprendre son histoire. Pratiquez la synchronisation durant toutes vos activités, en passant un entretien d'embauche, en attendant le bus, en discutant avec vos enfants, en calmant un client mécontent ou en parlant à votre banquier, au fleuriste ou au garçon de votre café préféré. Vous ne manquerez pas de partenaires. Faites de la synchronisation une partie intégrante de votre vie durant les jours à venir jusqu'à ce que vous la dominiez parfaitement ; qu'elle soit pour vous une seconde nature.

— Troisième partie —

Les secrets de la communication

CHAPITRE 7

PARLER EST UNE CHOSE, ÉCOUTER EN EST UNE AUTRE

Eh bien, ça y est ! Vous venez de faire une nouvelle connaissance. Votre langage corporel était ouvert et votre posture, le ton de votre voix et votre vocabulaire ont communiqué un même message. Vous avez été le premier à regarder l'autre et le premier à sourire. Vous vous êtes présenté et, miracle, trois secondes plus tard, vous vous rappelez toujours le nom de votre interlocuteur. Vous avez commencé votre synchronisation et éprouvez l'agréable sensation qu'une relation est en train de s'établir, mais maintenant, que faire ?

Le moment est venu d'entamer la conversation. La conversation est l'un des moyens les plus efficaces pour bâtir une relation et tisser les liens de l'amitié. Elle comprend deux volets d'égale importance : la parole et l'écoute ou, comme nous allons le voir, poser des questions et écouter attentivement les réponses.

Vous vous êtes peut-être déjà trouvé dans une situation où vous aviez envie de parler à quelqu'un, mais vous étiez soudain sans voix au moment de passer à l'action. Vous avez déjà senti votre estomac se nouer en vous asseyant à côté d'une personne attirante dans l'avion parce que vous étiez dans l'incapacité d'engager la conversation sans paraître ridicule. «Que vont-ils penser de moi ?» «Suis-je ennuyeux ?» «Est-ce que je dérange ?» et, le plus important, «Par où commencer ?»

L'idée est de faire parler l'autre, d'identifier ses centres d'intérêt et de se synchroniser par rapport à eux. C'est le royaume de la conversation simple. Il vous faut trouver vos points communs afin de poser les premières pierres d'une relation. Alors que les conversations sérieuses traitent de thèmes comme le désarmement nucléaire et la politique, la conversation simple aborde le reste : votre site Web, la rénovation de votre salle de bains, votre contravention pour excès de vitesse ou la couleur de la nouvelle voiture de sport de votre cousine Marisa.

Poser des questions

Par la conversation, les gens se dévoilent à nous, et, en retour, nous pouvons délivrer un message. L'essence de toute conversation réside par conséquent dans les questions. Soyez conscient, cependant, qu'il en existe de deux types : ouvertes et fermées. Les questions fonctionnent à merveille, et le résultat est pratiquement garanti, alors soyez sûr de poser les bonnes.

Voilà en quoi elles diffèrent. Les questions ouvertes appellent une explication et poussent votre interlocuteur à parler. Les questions fermées n'amènent qu'un oui ou un non. Le problème des questions fermées est qu'une fois la réponse obtenue, vous vous retrouvez au point de départ et devez immédiatement penser à une autre question pour entretenir la conversation.

Une formule simple pour engager une conversation consiste à commencer par une affirmation sur l'endroit ou la situation avant de poser une question ouverte.

Il est de bon ton de faire précéder une question ouverte d'une phrase d'introduction. La plus adéquate aura un lien avec la chose que vous avez déjà en commun avec votre interlocuteur : la réunion ou la fête où vous vous trouvez, un événement intéressant ou même la météo peuvent faire l'affaire. Cette phrase est dite «de situation» ou «d'occasion». Voilà quelques exemples : «Quelle belle salle !» «Regardez-moi ce buffet !» «Le service est excellent», «Ma femme connaît certaines de vos sonates pour piano par cœur», «Il n'a pas compris ce qu'il lui arrivait», etc.

Vient ensuite la question ouverte : «D'où viennent ces vases à votre avis ?» «C'est un bon ami à vous ?»

Par ce biais, vous serez certain d'obtenir rapidement des informations sur votre interlocuteur.

Utilisez les bons mots

Une bonne conversation est comparable à une partie de tennis entre amis, où les mots, comme des balles, vont de l'un à l'autre en fonction d'un intérêt mutuel. Lorsque les mots sortent du court, il faut servir de nouveau. Une question ouverte est un service réussi.

Une question ouverte commence avec l'un des six mots lanceurs de conversation : *qui, quand, quoi, pourquoi, où, comment.* Ces mots poussent à développer une explication, une opinion ou un sentiment : «Quand êtes-vous arrivé à cette conclusion ?», «Pourquoi pensez-vous que cela peut m'être utile ?» Quels bienfaits peuvent produire ces mots ? Ils nous aident à établir le contact et à tisser des liens, car ils obligent notre interlocuteur à parler et à s'ouvrir à nous.

Vous pouvez renforcer l'impact des ces catalyseurs de conversation en y associant des verbes à consonance sensorielle tels que voir, dire et aimer. De la sorte, vous poussez l'autre à fouiller dans son imagination pour y rechercher une expérience personnelle. «Où vous *verriez*-vous passer vos vacances à cette époque de l'année ?» «*Dites*-moi, pourquoi avez-vous choisi Bali pour vos vacances ?» «Comment *aimez*-vous le bifteck ?»

Évitez les mots fermés

Ils auront pour effet de vous faire jouer au tennis seul et contre un mur. Ils sont à l'opposé des mots ouverts : «Êtes-vous… ?» «Faites-vous… ?» «Avez-vous… ?»

En fait, toute question comprenant les verbes *être, avoir* et *faire* réduira vos chances d'établir un rapport réciproque. Ils sollicitent une réponse limitée à un seul mot : oui ou non. Et ensuite ? Vous serez contraint de poser une autre question, ce qui ne vous mènera nulle part.

«Vous en êtes sûr ?

– Oui.»

«Vous faites ça souvent ?

– Non.»

«Avez-vous déjà pensé à tout laisser tomber pour aller faire du saut à l'élastique au milieu de l'après-midi ?

– Oui.»

«Avez-vous réalisé que quels que soient l'intérêt et la longueur de votre question, si elle commence par des mots fermés, la réponse se résumera toujours à un seul mot ?

– Ah bon ?»

Durant toute une journée, ne posez que des questions et ne répondez aux questions que l'on vous pose que par d'autres questions. Pour changer, posez des questions ouvertes ; vous verrez vite le résultat.

Les mots fermés ont parfois leur place. Les policiers, les douaniers et les autres membres des forces de l'ordre y ont recours. Cependant, je rappellerai à ceux ayant eu le plaisir de subir un interrogatoire de ce genre que cela n'a certainement pas aidé leur interlocuteur à se faire apprécier en moins de 2 minutes.

Rencontres opportunes

Il arrive que l'on tombe à l'improviste sur une personne si exceptionnelle qu'il serait dommage de ne pas l'aborder. Ces moments agréables semblent survenir à l'instant même où notre cerveau s'arrête de fonctionner pour nous laisser en plein désarroi. «Au secours, que dois-je dire ?» «Que dois-je faire ?» «Suis-je bien habillé ?» «Qu'est-ce que les gens vont penser ?» Continuez à vous poser ce genre de questions et vous serez pris de suées, de palpitations, votre visage tournera au rouge vif et votre langage corporel sera des plus incohérents.

Ce type d'expérience se présente sous un jour autrement plus sympathique quand vous partagez une situation avec cet être charmant : vous êtes assis côte à côte dans le train, l'avion ou le bus, debout dans un ascenseur, vous attendez à la laverie automatique ou dans le hall d'un hôtel, vous inspectez les fruits au supermarché. Vous avez là une petite chose en commun grâce à laquelle vous pouvez entamer la conversation.

Un «Bonjour», un «Bonsoir» ou un «Salut» accompagnés d'un sourire sont une bonne entrée en matière, voire la meilleure pour recevoir une réponse. Si l'on vous sourit en retour, vous êtes sur la bonne voie. Restez simple. Soyez courtois, souriant et radieux. Ne soyez pas trop empressé ou curieux, car vous risquez de vous faire jeter. Il faut que la personne rencontrée dise à ses ami(e)s : «J'ai vu un type vraiment sympa ce matin», et non : «Une espèce de pervers a essayé de me draguer.»

Lorsque vous êtes sûr que l'autre répond favorablement à votre approche, vous pouvez essayer des phrases plus précises. Évidemment, une question fonctionne mieux si elle est ouverte, mais il est parfois difficile d'en trouver une qui ait l'air naturel. Parfois, vous devrez commencer avec une question fermée ou une remarque sur l'endroit où vous êtes ou sur l'événement en cours. «Vous savez à quelle heure cette banque ferme aujourd'hui ?» ou «Oh là, ça c'est une sacrée tempête !» Soyez sûr alors d'avoir une question ouverte en réserve pour éviter de ne récolter que des oui et des non en réponse.

Voilà quelques exemples d'ouverture à placer après avoir dit bonjour et échangé un sourire. Précédez-les d'une remarque sur l'endroit ou la situation.

N'importe où

D'où venez-vous ?

Je ne suis jamais venu ici. Comment est-ce ?

Qu'est-ce qui vous a amené ici ?

Dans un train, un avion ou un bus

Combien de temps pensez-vous rester à Saint-Tropez, à Corfou, à Ibiza?

D'où venez-vous ?

Avez-vous toujours vécu ici ? *Si la réponse est oui, essayez* : Je ne suis jamais venu ici. Comment est-ce ? *Si la réponse est non, dites* : Avant, où viviez-vous ?

Votre voyage va-t-il encore durer longtemps ?

Que pensez-vous du TGV, d'Air France, des forfaits proposés ?

Il est bon de faire remarquer que, lorsqu'ils rencontrent une personne pour la première fois, les Américains ont tendance à demander : «Que faites-vous dans la vie ?», alors que les Européens préfèrent : «D'où venez-vous ?»

Au supermarché

Si vous êtes tous deux en train d'inspecter le rayon poissonnerie, un assortiment de pâtes fraîches ou un étalage d'avocats, vous avez déjà quelque chose en commun.

Vous croyez qu'il y a assez de moules dans ce sachet pour deux personnes ?

Pouvez-vous me dire quelle différence il y a entre les pâtes fraîches et les pâtes en sachet ?

Comment savoir si ces fruits sont mûrs ?

Savez-vous où sont les sacs en plastique pour les fruits ?

Avez-vous déjà essayé cette sauce, ce gâteau surgelé, ces champignons ? *Si la réponse est oui :* Est-ce que c'est bon ? Cela ressemble à quoi ? *Si la réponse est non :* Y a-t-il quelque chose dans ce rayon que vous pourriez me conseiller ?

Combien de temps faut-il pour cuire un poulet de cette taille ?

J'ai oublié de prendre une boîte de haricots verts. Pouvez-vous garder ma place dans la queue ? *(C'est une bonne façon de briser la glace, car vous aurez un bon prétexte pour engager la conversation à votre retour, ne serait-ce qu'en parlant de la boîte de haricots, mais ne vous absentez pas trop longtemps ou vous risquez de vous faire mal voir.)*

Dans le hall d'un hôtel

Savez-vous où je peux trouver une carte ?

Vous êtes déjà venu ici ? *Si la réponse est oui :* Comment est-ce ? *Si la réponse est non :* Moi non plus. Comment avez-vous connu cet établissement ?

Vous connaissez cette ville ? *Si oui :* Je ne reste qu'une journée. Que me recommandez-vous de voir ? *Si non :* Ah bon ! Qu'est-ce qui vous amène ici ?

Lors d'une conférence

Alors, d'où venez-vous ?

À quels séminaires avez-vous déjà assisté ?

Vous connaissez un bon restaurant près de cet hôtel ?

Qu'avez-vous pensé du conférencier ?

Je vais chercher un café. Je vous en rapporte un ? *(Cette combinaison marche dans de nombreuses situations et vous permet d'élever le niveau d'intérêt que vous accordent vos interlocuteurs. Généralement, si vous ne les intéressez pas, ils déclineront votre offre. S'ils acceptent, cela veut souvent dire qu'ils désirent faire plus ample connaissance.)*

À la laverie automatique

Où peut-on faire de la monnaie dans le coin ?

Savez-vous où je peux acheter des timbres, du jus d'orange, de la nourriture pour chat ?

Je vais chercher un café. Je vous en rapporte un ? *(Voir plus haut.)*

Doit-on vraiment séparer les blancs et les couleurs ?

Dans la queue au cinéma, au théâtre, au concert

Pourquoi venez-vous voir ce film, cette pièce, ce concert ?

Alors, vous venez pour Neve Campbell ou pour l'autre actrice ? Comment s'appelle-t-elle déjà ?

Qu'avez-vous pensé du dernier film de cet acteur, de la dernière pièce de cet auteur, du dernier CD de ce chanteur ?

Dans une file d'attente très longue : Vous pouvez me garder ma place le temps que j'aille chercher un café ? Je vous en rapporte un ?

À une exposition, au musée, à une foire ou dans un parc d'attractions

Oh ! Comment trouvez-vous ce tableau ?
Savez-vous où se trouve la vieille locomotive ?
Quel est votre tableau (manège, stand) préféré ?
Avez-vous vu la citrouille géante ?

En promenant votre chien ou en regardant les autres le faire

Il est adorable ! C'est quoi comme race ?
A-t-il un pedigree ?
Vous avez une belle laisse. Où l'avez-vous achetée ?
Un petit conseil : il est souvent facile de lier connaissance avec les propriétaires de chiens dans les lieux publics, mais n'achetez un chien que si vous aimez vraiment les animaux !

En rencontrant une personne que vous connaissez de vue mais que vous n'avez jamais osé aborder

Bonjour, j'ai deux billets pour le théâtre (le cirque, le concert) et je me demandais si cela pouvait vous intéresser ?

Bonjour, excusez mon audace, mais j'aimerais bien vous offrir un café.

Dans toutes ces situations, donnez à votre interlocuteur au moins trois chances d'établir le contact. Si après trois questions ou trois commentaires il, ou elle, fait montre d'un manque d'enthousiasme évident, n'insistez pas. Mettez gracieusement fin à la conversation par un simple «Je vous souhaite une bonne journée», «Bon film», «Bon voyage», «Bonnes vacances» ou toute autre phrase appropriée.

Obtenir des renseignements

En fait, il est facile d'obtenir des renseignements d'un étranger. Cela ne veut pas dire connaître le numéro de sa carte bleue mais son nom, ses centres d'intérêt, sa situation personnelle et d'autres choses de ce genre. Comme vous le verrez, la plupart du temps, les gens sont heureux de donner ces informations lorsqu'on les leur demande habilement.

La plupart ont tendance à suivre votre exemple en matière de renseignements. C'est pourquoi il vous faut vous présenter en premier. Plus vous donnerez, plus vous recevrez.

Si vous dites : «Bonjour, je m'appelle Charles», on vous répondra : «Bonjour, je m'appelle Paul.»

Si vous commencez par : «Bonjour, je m'appelle Charles Dupont», on vous répondra sûrement : «Bonjour, je m'appelle Paul Martin.»

Si vous dites : «Bonjour, je m'appelle Charles Dupont. Je suis un ami de Gaëlle», on vous répondra de la même manière : «Bonjour, je m'appelle Paul Martin et je travaille avec le mari de Gaëlle.»

Quand vous donnez des informations personnelles en vous présentant, les autres ont tendance à faire de même, car vous leur en donnez l'occasion. S'ils ne le font pas, vous les aurez au moins mis en situation. Ils savent ce que vous voulez, alors encouragez-les. Un froncement de sourcil ou un «Et vous ?» bien amené devraient les inciter à aller plus loin.

L'idée est de glaner le plus de renseignements possible en en fournissant sur vous-même, et ce dans le respect des règles de politesse. Ces renseignements vous serviront ensuite à enrichir la conversation.

Louper le coche

Michel arrive à la gare avec 5 minutes d'avance. C'est une matinée chaude et humide, et il y a à peine une vingtaine de personnes sur le quai. La plupart des voyageurs habituels ne sont pas encore là. Michel serre son journal sous son bras tout en remuant son café avec une cuiller en plastique ; il se retourne pour la jeter dans la poubelle juste derrière lui, et alors qu'il revient à sa position initiale, il remarque une jeune femme brune vêtue d'un manteau gris sombre qui s'avance dans sa direction. Elle s'assoit sur un banc à trois mètres de lui, pose sa serviette à ses pieds et consulte sa montre.

Michel lui lance un regard, les yeux mi-clos et les lèvres entrouvertes. Il s'est trouvé tellement de fois dans ce genre de situation : regarder quelqu'un, avoir envie de l'aborder et être mort de peur à l'idée d'engager la conversation. Cette fois, il se persuade que tout ce qu'il veut, c'est entamer la conversation et faire parler cette jeune femme. Son but n'est pas de l'inviter à dîner, ni de l'emmener en vacances samedi prochain, ni de l'épouser à la fin du mois. Il veut simplement échanger quelques mots pour voir si elle se montrera amicale. Il lui dit la chose qui lui paraît la plus évidente : «Bonjour, cela ne vous dérange pas si je m'assois ici ?»

La jeune femme se pousse légèrement sur la gauche.

«Non, je vous en prie, murmure-t-elle, et Michel s'assoit sur le banc.

– C'est la première fois que je vous vois sur ce quai, dit-il.

– C'est mon premier jour, répond-elle, je commence à travailler dans une agence de communication en ville.

– Le train est bondé à cette heure-ci, reprend Michel, mais quelquefois, vous pouvez quand même trouver une place assise pour tout le trajet."

Michel a loupé le coche : il a négligé l'information concernant le premier jour dans une agence de communication. Il aurait dû s'en servir pour pousser la conversation plus avant en utilisant des déclencheurs comme où, quoi, pourquoi, quand, qui et comment. «Qu'allez-vous y faire ?» «Qui sont vos principaux clients ?» «Où se trouve cette agence ?» «Comment avez-vous eu ce travail ?».

Maintenant, regardons la situation du point de vue d'une jeune femme.

Dominique, dont le métier est de concevoir des sites Web, marche sur le quai de la gare et aperçoit un homme plutôt attirant au visage fatigué assis sur un banc. Elle s'installe à côté de lui et remarque qu'il lit le dernier roman policier de P.D. James. P.D. James est son auteur préféré. Il lui sourit lorsqu'elle s'assoit et, sachant que le livre est un point qu'ils ont en commun, elle sourit en retour.

Mais l'homme reprend sa lecture, et Dominique décide d'engager la conversation.

" Vous aimez P.D. James ?

– Non, répond-il. Figurez-vous que c'est seulement le deuxième roman policier que je lis.

– Ça alors ! Pourquoi ?

– Je n'ai pas beaucoup de temps pour lire. Je suis interne à l'hôpital de la ville.

– Eh bien moi, j'ai lu tous ses livres. C'est mon auteur de roman policier préféré, mais j'aime aussi énormément Mary Higgins Clark. "

Quelle réponse espérait Dominique ? Les dernières phrases qu'elle a prononcées étaient une série d'affirmations, pas des questions. Dominique était sur la bonne voie avec sa deuxième question, «Pourquoi ?», mais elle a ensuite ignoré les informations personnelles que l'homme lui a fournies. Elle a préféré parler d'elle. Si elle avait écouté attentivement, elle aurait poursuivi comme cela : «Quel hôpital ?» «Interne en quoi ?» «Pourquoi avez-vous choisi cette spécialité ?» Elle aurait employé les «où», «quoi» et «pourquoi» qui permettent d'approfondir une conversation.

ÉCOUTER ATTENTIVEMENT

Écouter est la face B du disque de la conversation. En tant qu'auditeur attentif, vous devez montrer à l'autre l'intérêt que vous lui portez. Pour devenir cet auditeur attentif, il vous faudra faire un effort perceptible pour enregistrer ce que l'autre dit et ressent.

Écouter n'est pas entendre. Vous pouvez entendre un violoncelle dans un orchestre, mais écouter ce même violoncelle signifie se concentrer sur chaque note et en ressentir toute l'émotion.

Une écoute attentive est une tentative visant à saisir et à comprendre le sens et les émotions cachées de ce qui est dit. Il ne s'agit pas de donner son opinion et d'étaler ses émotions, cela veut dire que vous devez être le plus possible en empathie avec votre interlocuteur. Vous pouvez manifester votre compréhension en montrant les signes appropriés. Écoutez avec vos yeux, votre corps. Acquiescez de la tête, regardez l'autre, adoptez une posture ouverte et de soutien. Encouragez verbalement votre interlocuteur.

On peut distinguer deux écoles d'écoute : l'école des perroquets et l'école active. Le perroquet pratique la paraphrase ; il se contente de répéter avec plus ou moins de fidélité ce que l'autre vient de dire.

Paul : «Est-ce que vous supportez cette canicule ?»

Catherine : «Moi, j'adore la chaleur, mais mon copain, lui, parle de s'installer en Norvège, et je crois qu'il est sérieux.»

Paul : «Ah, ah, on dirait que même si vous aimez la chaleur, vous allez devoir partir en Norvège, du moins si vous voulez rester avec ce type.»

L'école active consiste à répondre aux émotions.

Paul : «Mais on ne part pas comme ça sur un coup de tête, c'est une décision difficile à prendre. Comment allez-vous régler ça ?»

Un perroquet ne fait qu'entendre. Avec une écoute active, votre interlocuteur a l'impression non seulement que vous l'écoutez, mais que vous vous sentez concerné.

Que vos mots répondent aux émotions ; laissez-vous pénétrer par ce que dit votre interlocuteur

Les mots à employer peuvent être de simples onomatopées comme «Oh !» ou «Ah !» (un genre d'expression difficile à rendre dans un livre) ou exprimer une véritable réaction comme «Ah vraiment ! Et ensuite, que s'est-il passé ?» ou «Vous plaisantez ? Et après, qu'est-ce qu'elle a fait ?» Les encouragements sont toujours les bienvenus dans une conversation. Ils apportent de l'eau au moulin de votre interlocuteur et prouvent que vous l'écoutez, et ce même si vous n'en dites pas trop.

Laissez parler votre corps. Utilisez un langage corporel ouvert et encourageant

Opinez de la tête et servez-vous de votre regard sans pour autant dévisager votre interlocuteur. Regardez pensivement ailleurs (poser votre regard sur vos mains de temps à autre vous donnera l'impression de participer à la conversation). Si vous êtes assis, penchez-vous en avant en affichant un air intéressé ou enthousiaste. Si vous êtes debout, laissez votre poitrine dégagée, acquiescez de temps en temps et ayez l'air pensif, surpris, amusé, ou tout ce qu'une attitude vraiment utile vous inspire par rapport à ce que dit l'autre personne.

Prendre et donner

Avec la pratique, vous serez capable de tenir une conversation naturelle sans effort. Voilà quelques trucs pour y parvenir. Premièrement, comme toujours, adoptez une attitude vraiment utile. Soyez curieux et montrez aux autres l'intérêt que vous leur portez. Encouragez-les à vous parler en leur répondant avec sincérité. Entraînez-vous à découvrir des expériences, des buts et des intérêts communs, et communiquez avec enthousiasme, savoir et passion.

La futilité est une attitude qui n'amènera que de mauvais résultats.

Gardez toutefois la maîtrise de la conversation. Parlez clairement et délibérément. Ralentir le débit de vos paroles vous fera paraître plus sûr de vous, tout comme une utilisation intelligente de votre sens de l'humour. Il est utile d'être au courant de l'actualité, notamment des événements qui affectent le quotidien. Pour cela, il vous faudra lire un journal tous les jours. Pendant mes séminaires, je demande à mes élèves de préparer une «pub perso de 10 secondes». C'est un bon moyen pour se présenter et expliquer ce que l'on fait en quelques phrases.

Soyez vous-même. Les gens vous aimeront pour ce que vous êtes. Plus vous serez détendu, plus ce sera facile.

L'art du compliment

Acceptez les compliments avec politesse. Restez simple et franc. Résistez à la tentation d'être trop modeste. La réponse standard à un compliment est «merci». Cependant, si vous souhaitez vous servir de cette réponse pour engager la conversation, faites-le. Voilà un exemple de compliment apportant un renseignement intéressant, certes, mais peu élégant :

«Marion, vous avez là une bien jolie jupe.

– Merci, je l'ai eue pour 6 euros au dépôt de l'Armée du Salut.»

PARLER EN COULEURS

Toutes les conversations, longues ou courtes, ont pour but de dépeindre les tableaux de nos expériences. Les gens vous prêteront toute leur attention si vous parvenez à «donner vie» à vos expériences.

Voilà une description pratique d'un événement de la vie de tous les jours : «On a attendu le bus plus de 20 minutes. J'en avais marre !»

Cette phrase n'a rien qui puisse attiser l'imagination. Elle est en «noir et blanc». Apprenez à parler «en couleurs». Dans une conversation, prenez en compte le plus de sensations possibles. Décrivez la forme des choses, les sons qu'elles émettent, les sentiments qu'elles procurent et, si c'est approprié, leur goût et leur odeur.

«C'était étrange d'être comme ça, debout au milieu de toutes ces personnes. La pluie venait de s'arrêter, et le col de ma chemise était mouillé. Les lumières des maisons se reflétaient dans les flaques d'eau, et le vendeur de sandwichs ambulant, derrière nous, était trempé jusqu'aux os.»

Un tel langage est riche en sensations, et l'imagination, la vôtre et celle des autres, s'en nourrit.

Une réponse plus simple et plus engageante aurait été : «Merci, c'est gentil à vous de me le dire.» Un compliment de ce type peut être accompagné d'un regard, d'un sourire et d'un ton de voix agréable.

Les compliments n'ont d'intérêt que s'ils sont sincères. Des compliments exagérés ou sonnant faux détruisent toute crédibilité et mettent en danger le rapport établi. La basse flatterie, les clichés et les remarques paternalistes respirent l'hypocrisie et peuvent être insultants. En revanche, un compliment honnête renforce la confiance et amène la relation à un niveau plus personnel et amical.

Exercice de tonalité

Les effets sonores

Le ton de votre voix révèle vos sentiments, et une tonalité plaisante aura un effet positif sur les réponses de vos interlocuteurs. Pour obtenir un ton plaisant, il faut que votre voix vienne du fond de votre corps, de votre abdomen. Elle sera riche, profonde et chaleureuse, tout le contraire d'une voix monotone ou haut perchée.

Pour améliorer votre tonalité, entraînez-vous à respirer et à parler depuis l'abdomen. La respiration ventrale, qui utilise les poumons à leur maximum, est la manière la plus saine et la plus reposante de respirer. Vous respirez plus lentement et sans stress. Comparez cette méthode avec la respiration de la poitrine pratiquée par 60 % des gens. Cette dernière est angoissée, saccadée, une série de longs halètements. Naturellement, si vous respirez depuis la poitrine, vous parlerez depuis la poitrine.

Placez la paume de votre main droite sur votre poitrine et la paume de votre main gauche sur votre abdomen. Entraînez-vous à respirer jusqu'à ce que la main posée sur votre poitrine ne bouge plus, au contraire de celle posée sur votre abdomen. À ce stade, retirez vos mains et continuez à respirer de la sorte pour le restant de vos jours. Vous remarquerez que quand vous serez nerveux ou anxieux, votre respiration remontera à votre poitrine. Soyez-en conscient et replacez-la au niveau de l'abdomen ; vous retrouverez votre calme immédiatement.

Répétez cet exercice en plaçant vos mains à l'endroit d'où vient votre respiration. Déplacez votre voix de votre poitrine à votre abdomen. Elle deviendra plus grave, plus riche et un peu plus lente, et c'est exactement la voix qui convient si vous voulez établir le contact et vous faire apprécier en moins de 2 minutes.

Si vous remarquez quelque chose d'intéressant chez quelqu'un, ou si ce quelqu'un vient de faire quelque chose de remarquable, un compliment est le bienvenu. Évitez les mots banals comme «joli», «bien» et «super». «Joli costume !» «Super affaire !» Mieux vaut dire : «Le bleu vous va à ravir.» Plutôt que : «Vous êtes quelqu'un de formidable», dites : «On se sent tout de suite plus intelligent quand on est avec vous.» Ça, c'est du compliment.

Les compliments spécifiques sont souvent plus sincères que les compliments généraux. Dire : «La soupe est bonne», n'aura pas le même effet sur votre hôte ou votre hôtesse que : «L'aneth frais rend cette soupe délicieuse. Il fallait y penser !» Lorsque vous complimentez une action, entrez dans les détails. «Vous étiez incroyable aujourd'hui» n'a pas autant d'impact que : «Vous avez abordé cette question sur les maisons de retraite sans broncher. Quelle stratégie !»

Complimentez comme vous saluez : ouvrez votre cœur, laissez parler votre corps, regardez l'autre droit dans les yeux, parlez d'une voix claire et enthousiaste, choisissez vos mots et souvenez-vous toujours de laisser à votre interlocuteur le temps de vous répondre.

Éviter les pièges

Ils sont listés ci-après. Si vous vous surprenez à faire l'une des choses interdites, c'est que vous avez inconsciemment abandonné votre attitude utile pour une attitude inutile.

N'interrompez pas les autres et ne terminez pas leurs phrases à leur place, et ce quels que soient votre enthousiasme ou votre impatience.

Ne vous plaignez pas, ne condamnez pas et ne critiquez pas.

Si possible, évitez de répondre par oui ou par non. Ce type de réponse n'enrichit en rien la conversation et a même tendance à la rendre légèrement pénible. Les gens qui monopolisent la conversation sabotent la mise en place d'une relation, parce qu'ils limitent ou annulent tout terrain d'entente. Ils finissent toujours par devenir malpolis ou ennuyeux.

Il n'y a rien de plus déconcertant que de parler à une personne qui regarde ailleurs. Si cela vous arrive, excusez-vous le plus rapidement possible. Les gens qui font cela sont inconvenants et, pour tout dire, mal élevés.

Pour finir, prenez garde à la mauvaise haleine et autres problèmes liés à l'hygiène personnelle. On ne vous trouvera aucune excuse dans ce domaine. L'haleine de teckel, l'odeur de sueur et le brin de persil coincé entre les dents n'auront pas d'effet sur votre labrador, mais ils s'avéreront désastreux lors d'une fête au bureau.

Se rendre inoubliable

Quel intérêt y a-t-il à rencontrer une personne pour la première fois, à faire bonne impression et à établir une vraie relation si, deux semaines plus tard, cette personne ne se souvient plus de vous ? C'est comme écrire un magnifique roman sur votre ordinateur et oublier de le sauvegarder. Donnez aux autres une raison de se souvenir de vous, et ils le feront. L'esprit rayonne lorsqu'il se connecte avec autrui.

Rappelez-vous que, selon les travaux du professeur Mehrabian, toute communication directe est composée à hauteur de 55 % par notre apparence, de 38 % par le ton de notre voix et de 7 % par les mots que nous utilisons. Il en est de même pour la mémoire. D'autres études ont montré que ce que les gens voient a trois fois plus d'impact que ce qu'ils entendent.

Posez-vous ces questions : «Comment puis-je me distinguer des autres ?» «Puis-je me composer un personnage ou me créer un style personnel ?»

Toutes sortes de choses peuvent servir à composer une image : un œillet porté à la boutonnière, la discrète mais très onéreuse monture de vos lunettes, un beau gilet, des chaussures impeccables, un nœud papillon ou des bretelles originales.

Une de mes amies travaille pour une grande chaîne de matériel électronique. «Je passais une demi-heure à expliquer les caractéristiques d'un produit», m'a-t-elle un jour raconté. «Ensuite, le client rentrait chez lui pour réfléchir. Quand il s'était décidé et qu'il revenait pour acheter, il s'adressait au premier vendeur venu. Peu importait que je lui aie donné ma carte et laissé du temps ; les chances qu'il revienne me voir personnellement étaient minces. C'est là que j'ai eu une idée. Comme je suis de Terre-Neuve, maintenant, je dis aux clients de demander la "vendeuse de Terre-Neuve" quand ils téléphonent ou quand ils reviennent au magasin.»

Chez moi, au Canada, les habitants de Terre-Neuve sont la cible de blagues fines, un peu comme les Belges en France. Mon amie a su en tirer parti. L'expression «vendeuse de Terre-Neuve» est un moyen ou, si l'on peut dire, un réservoir servant à stocker toute une série d'informations.

Trouvez ce qui vous différencie des autres. Donnez-leur quelque chose qui leur permette de se souvenir de vous.

Une impression tenace

Géraldine et Muriel, toutes deux la quarantaine, sont assises face à face à la table d'un restaurant. Elles en sont au milieu du repas quand plusieurs personnes s'installent à la table voisine. Parmi ces dernières, une jeune femme reconnaît Géraldine. Elle a été son étudiante il y a quelques années.

Une fois passées les manifestations de joie, Géraldine se tourne vers sa compagne.

«Muriel, je te présente Edwina. C'était l'une de mes meilleures étudiantes lorsque j'enseignais à la fac. J'ai toujours été frappée par son sens de l'organisation, que ce soit dans sa vie ou dans ses études. Tout, sur son bureau, était en ordre et avait une place bien précise. Parfois, cela m'énervait au plus haut point, mais j'ai toujours été fascinée par sa méticulosité.

– Enchantée, dit Muriel et serrant la main d'Edwina.

– Alors Edwina, qu'est-ce que tu fais maintenant ?» demande Géraldine.

Edwina parle alors de son travail de co-productrice pour une chaîne de télévision locale puis elle ajoute : «Je travaille avec quelques anciennes camarades de fac. Vous souvenez-vous de Suzanne Etelle ?

– Non, j'avoue que ce nom ne me dit rien, répond Géraldine en se creusant la tête.

– Vous savez, celle qui venait toujours au cours avec d'incroyables gilets en cuir.

– Ah oui ! Bien sûr !»

Géraldine se tourne vers Muriel pour la faire participer à la conversation.

«Suzanne peignait de manière extraordinaire. Je crois qu'en plus, elle parlait couramment l'espagnol et l'allemand. A-t-elle toujours cette tignasse de cheveux roux ébouriffés ? demande-t-elle en se tournant de nouveau vers Edwina.

– Non, elle a les cheveux longs et blonds maintenant, et c'est notre directrice des programmes Et vous vous souvenez de Nathalie ? Elle travaille à la télé avec nous.

– Nathalie ? Non, je ne vois pas.

– Nathalie Marchand. Elle était très sympa. Elle habitait en banlieue.»

Comme Géraldine ne semble pas se souvenir d'elle Edwina ajoute :

«C'était une bosseuse.

– Désolée, mais je ne me souviens pas d'elle. Qui d'autre ?

– Grégory Coursant, figurez-vous que c'est notre directeur marketing.

– Non ! Grégory, celui qui avait un anneau dans le nez ? dit Géraldine en agitant la main devant son visage. Grégory Coursant était un jeune homme tellement nerveux ! Il conduisait la camionnette de sa mère aux quatre coins de la ville. Si je me rappelle bien, il a créé un site de trains électriques sur Internet. Il publiait même un petit journal concacré à cela.»

Géraldine invite Edwina à sa table, et ses amis assis à côté prennent leur commande sans elle alors que la conversation continue.

La morale de cette histoire est que Géraldine se rappelle parfaitement ses étudiants lorsque ses souvenirs sont liés à une image. Les gens qui ont une touche personnelle, un petit quelque chose de différent, on les oublie difficilement.

Chapitre 8

Donner un sens à nos sens

D'un certain point de vue, nous autres, humains, ne sommes que des machines sensorielles. Nous voyons, nous entendons, nous ressentons, nous sentons et nous goûtons, puis nous analysons les informations recueillies par nos sens. Chaque jour, nous appréhendons le monde par nos sens, puis nous communiquons nos expériences à nous-mêmes et aux autres. C'est aussi simple que ça. Nous nous couchons et nous nous réveillons le lendemain pour renouveler cette expérience. C'est notre manière d'évoluer. C'est évidemment un point de vue archi-simpliste mais, en ce qui concerne ce chapitre, il nous aidera à jeter les fondations de notre raisonnement.

Notre attitude (utile ou non) vient de là. Il y a deux façons de transmettre nos expériences, qui s'appellent styles explicatifs. En se levant le matin pour constater qu'il pleut dehors, un individu doté d'un style explicatif négatif dira : «Oh zut, il pleut ! La journée est foutue !» Son semblable doté d'un style explicatif plus positif dira :

«Super ! Un lavage de voiture gratuit et une bonne douche pour mon jardin.»

Nos interprétations déterminent notre attitude, et les gens ont des manières différentes de voir une même réalité.

Nous pouvons approximativement classer les interprétations en fonction du point de vue de chacun. Dans les années 1970, Richard Bandler et John Grinder, les fondateurs de la programmation neuro-linguistique, ont découvert lors de leurs premiers travaux qu'il était possible de répartir les gens en trois catégories suivant leur interprétation sensorielle du monde. Ils ont baptisé ces catégories *visuelle, auditive* et *kinesthésique*. Prenons l'exemple de trois étudiants allant à un concert de rock. Julie est surtout visuelle, Philippe est auditif et Alex kinesthésique. Lorsqu'ils décrivent ensuite le concert à leurs amis, Julie déclare : «Vous auriez dû voir ça ! Tous ces gens qui sautaient dans tous les sens, et le chanteur qui déchirait son pantalon et qui a perdu sa perruque !»

Philippe parle plutôt de l'acoustique : «La musique était super ! La sono était assourdissante. Tout le monde criait et chantait en rythme. Vous auriez dû entendre ça ! C'était un véritable délire !»

Alex évoque ce qu'il a ressenti : «On sentait une de ces énergies ! La salle était pleine comme un œuf. On avait du mal à bouger, et lorsqu'ils ont joué Blue Rodeo, toute la salle a explosé.»

En d'autres termes, les visuels utilisent des mots descriptifs, les auditifs des mots sonores et les kinesthésiques des mots physiques.

Nous abordons ici une nouvelle dimension de la synchronisation et du contact. Dans ce chapitre, nous irons au-delà de l'attitude, du langage corporel et du ton de la voix pour aborder la façon dont nos sens ressentent et interprètent le monde qui nous entoure.

Visuel, auditif ou kinesthésique ?

Parce que nous recevons l'information extérieure via les images, les sons et les sentiments, voilà nos trois voies d'inspiration : ce que nous voyons par nos yeux ou en imagination ; ce que nous entendons à l'extérieur ou dans nos têtes ; ce que nous ressentons ou touchons.

Habituellement, nous interprétons le monde qui nous entoure grâce à la combinaison de ces trois expériences, mais l'un des trois sens sollicités – la vue, l'ouïe et le toucher – tend à supplanter les deux autres.

Pour un œil (ou une oreille) non averti, nous, gens normaux, avons tous la même apparence, parlons de manière semblable et ressentons les choses pareillement. Néanmoins, quelqu'un d'attentif remarquera des différences subtiles mais cruciales. Comme on pouvait s'y attendre, un individu qui s'attache d'abord à l'image, à l'aspect des choses, sera influencé par l'apparence. De même, une personne qui prête attention aux sons se reposera sur ses facultés auditives, et une personne qui interprète le monde par ses sensations fera avant tout appel au toucher.

L'année dernière, j'écoutais deux hommes politiques lors d'un débat à la radio. Ils pensaient tous deux poser leur candidature à la présidence de leur parti. Lorsque le journaliste leur a demandé : «Parlez-nous de vos projets», le premier a dit d'une voix pensive : «J'envisage sérieusement de me lancer dans la bataille.» L'autre a répondu plus rapidement : «Maintenant que l'on a une vision plus claire du futur, je vois mieux ce qu'il m'est possible de faire.» Le journaliste a alors repris : «On dirait que vous êtes tous deux prêts à annoncer vos intentions.»

Qu'en déduisez-vous ? Voyez-vous la différence ? Le journaliste, avec des phrases comme : «Parlez-nous de vos projets» et : «Annoncez vos intentions» est probablement

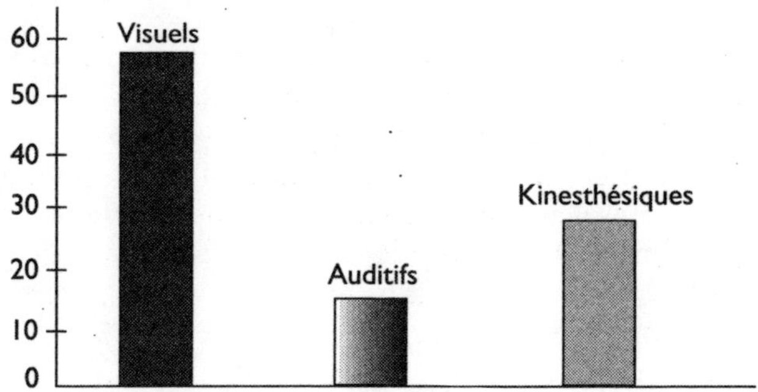

un auditif. (Entre nous, cela devrait être une inclination naturelle lorsque l'on fait de la radio, mais il est surprenant de remarquer que c'est le cas de très peu de journalistes.) Le premier candidat au poste de président utilise un langage physique (se «lancer» dans la bataille) et parle sans ambages, ce qui révèle un penchant kinesthésique. Le deuxième candidat a une «vision plus claire», et il «voit» ce qu'il peut faire, ce qui en fait un visuel assez évident.

Bien sûr, personne n'est complètement visuel, auditif ou kinesthésique. Nous sommes un mélange des trois. Cependant, un peu comme pour les droitiers et les gauchers, l'une de ces catégories l'emporte sur les deux autres.

Des études ont révélé que, en ce qui concerne notre culture, 55 % des gens sont plus attentifs à ce qu'ils voient (les visuels), 15 % à ce qu'ils entendent (les auditifs) et 30 % à ce qu'ils ressentent (les kinesthésiques).

Passez le test des pages suivantes, et vous comprendrez pourquoi vous établissez facilement un premier contact avec certaines personnes et pas avec d'autres. Vous comprendrez également pourquoi vous avez l'impression de connaître une personne que vous voyez pour la première fois. Cela découle de l'harmonie naturelle de nos

Faites le test

Quel est votre sens dominant ?

Où vous placez-vous parmi les visuels, les auditifs et les kinesthésiques ? Comme la plupart des gens, vous vous dites sûrement : «Je suis un visuel, c'est certain !» Mais vous allez peut-être avoir une grosse surprise. Faites le test suivant, et vous allez savoir comment vous interprétez le monde qui vous entoure. Ne choisissez qu'une réponse pour chaque question et entourez la lettre correspondante.

1. S'il ne reste que trois chambres à l'*Hôtel de la Plage,* je choisirai celle
a) qui a vue sur l'océan mais est bruyante
b) avec le bruit de l'océan mais sans vue
c) avec tout le confort mais beaucoup de bruit et pas de vue

2. Lorsque j'ai un problème
a) je cherche une solution
b) je parle de mon problème
c) je revois les données du problème

3. Je veux qu'une voiture soit
a) belle
b) silencieuse ou puissante
c) confortable et sécurisante

4. Lorsque je décris un concert ou un spectacle je parle
a) du décor, de l'éclairage, de l'apparence générale
b) de l'acoustique
c) de ce que j'ai ressenti

5. Quand j'ai du temps libre,
a) je regarde la télé ou vais au cinéma
b) je lis ou écoute de la musique.
c) je fais des activités (artisanat ou jardinage) ou du sport

6. S'il n'y avait qu'une seule chose que je puisse souhaiter aux autres de faire dans leur vie, ce serait
a) voir
b) entendre
c) ressentir

7. Je passe la plupart de mon temps à
a) rêver éveillé
b) analyser mes pensées
c) analyser mes émotions

8. Lorsque quelqu'un essaie de me convaincre d'une chose,
a) je veux des preuves et des témoignages
b) je me fais ma propre opinion
c) je me fie à mon intuition

9. Habituellement, je pense et je parle :
a) rapidement
b) moyennement vite
c) lentement

10. Je respire normalement en utilisant
a) la partie haute de ma poitrine
b) la partie basse de ma poitrine
c) mon ventre

11. Pour trouver mon chemin dans une ville inconnue,
a) j'utilise une carte
b) je demande mon chemin
c) je me fie à mon intuition

12. Lorsque j'achète des vêtements, il faut qu'ils soient
a) d'une propreté impeccable
b) en rapport avec ma personnalité
c) confortables

13. Lorsque je choisis un restaurant il faut
a) qu'il fasse forte impression
b) que je puisse y entendre ce que je dis
c) qu'il soit confortable

14. Je prends mes décisions
a) rapidement
b) moyennement vite
c) lentement

Résultat :
Nombre de A =
Nombre de B =
Nombre de C =

Plus vous aurez de A, plus vous serez visuel, de B, auditif, de C, kinesthésique, et plus le chiffre sera élevé, plus la tendance sera prononcée.

Après ce test, vous aurez une bonne idée de votre sens dominant, mais vous comprendrez également mieux les points de vue des autres. Néanmoins, il y a plusieurs choses à prendre en compte, l'une d'elles étant que vous connaissiez le but du test avant de le passer. Pendant mes séminaires, je le fais passer avant de dévoiler mes batteries.

Essayez-le sur quelques amis et comparez leurs notes. Ces résultats vous aideront à reconnaître le sens dominant des autres.

sens. Lorsque deux visuels se rencontrent, ils se sentent en terrain de connaissance, car ils voient les choses de la même manière (ce qui ne veut pas dire pour autant qu'ils sont d'accord) et communiquent leurs expériences de la même façon. Il en va de même pour deux auditifs ou deux kinesthésiques. Par ailleurs, si la personne que vous rencontrez voit, écoute et ressent le monde différemment, il sera nécessaire que vous vous en rendiez compte afin de vous aligner sur sa longueur d'ondes et d'établir un contact qui pourra vous mener à une relation, voire à une amitié.

Pour vous donner une idée de la manière dont nos préférences sensorielles influencent notre vie de tous les jours, laissez-moi vous parler de ma propre inclination. Je suis auditif et ma femme est kinesthésique. Lorsque nous nous disputons, Wendy sait me parler en utilisant des mots auditifs. Elle capte immédiatement mon attention quand elle dit : «Nick, tu ne m'écoutes pas. Tu n'entends pas un seul des mots que je dis.»

Si elle m'avait demandé : «Tu ne vois pas ce que je veux dire ?» ou, pire : «Tu ne vois pas dans quel état tu me mets ?», il est clair que ma réponse aurait été : «Non, je ne vois pas.»

Bien sûr, je comprends ce qu'elle me dit, mais je dois analyser ses paroles. Mon cerveau doit prendre le temps de traduire ses mots dans ma langue. Lorsqu'elle envoie un message sur ma longueur d'ondes auditive, elle se fait comprendre directement et rapidement.

De même, si je veux me connecter directement à sa sensibilité, je lui dis : «Je sais ce que tu as ressenti lorsque c'est arrivé.» En d'autres termes, j'utilise une approche kinesthésique. C'est simple et sacrément efficace.

S'ADAPTER À UN SENS DOMINANT

En quoi la connaissance du sens dominant de quelqu'un peut-elle vous être utile pour vous faire apprécier en moins de 2 minutes ? Eh bien, si vous avez découvert ce sens chez votre interlocuteur, vous allez pouvoir communiquer sur la même longueur d'ondes. Si vous voulez être en harmonie avec votre épouse ou votre mari, vous accorder les faveurs d'un juge, vendre un produit, décrocher un boulot ou impressionner quelqu'un dans une soirée, identifier les visuels, les auditifs et les kinesthésiques peut être d'un grand secours.

Un jour, après l'un de mes séminaires, j'ai reçu le coup de fil passionné d'une dame qui avait assisté à ma conférence. Elle s'appelait Barbara et tenait une boutique de revêtements de sol.

«C'est incroyable ! me dit-elle. Il est neuf heures trente, nous avons ouvert depuis seulement une heure, et j'ai déjà fait cinq ventes sur cinq clients qui ont passé la porte. C'est la première fois que cela m'arrive.

«Tout cela est parfait pour ma boutique. (Elle parlait de ma conférence de la veille sur la manière de repérer les visuels, les auditifs et les kinesthésiques.) Les quatre premières ventes étaient sans doute normales, même si j'ai appliqué ce que vous m'avez appris, mais la cinquième ! Une cliente est arrivée en traînant son mari derrière elle. Il était clair qu'il aurait souhaité être ailleurs. J'ai tout de suite remarqué que c'était un kinesthésique, et en moins de 30 secondes, j'ai réussi à le mettre à quatre pattes pour lui faire toucher un de mes tapis. Et ils l'ont acheté !

«Je savais que si je lui avais dit : "Imaginez comme ce tapis aura fière allure dans votre maison", il n'aurait pas réagi, parce que ce n'était pas un visuel. Ou si je lui avais affirmé : "Vous n'entendrez même pas vos enfants lorsqu'ils courront dessus", cela ne l'aurait pas touché, parce qu'il n'avait rien d'un auditif. J'ai su par ses vêtements, sa façon de se déplacer et de parler que c'était un kinesthésique. C'est pour ça que je lui ai dit : "Touchez-le", et il l'a fait. Comme ça ! Il s'est agenouillé sur le sol et il l'a touché.»

UTILISEZ LES MÉTAPHORES

Dire : «J'ai voyagé aux quatre coins du monde» est plus parlant que : «J'ai été partout.» La première phrase apporte détails et détermination. Elle fait également allusion à la vue, à l'écoute et aux émotions, et c'est pour cette raison que les métaphores stimulent à la fois les personnes visuelles, auditives et kinesthésiques. Elles évoquent des images aux visuels, des sons aux auditifs et des impressions aux kinesthésiques.

Les métaphores sont des réservoirs à idées. Elles relient notre imagination à la réalité extérieure. Nous les utilisons fréquemment, et souvent inconsciemment, pour traduire nos pensées, mais également pour rendre les choses plus intéressantes. Histoires, fables et contes de fées sont les outils de communication les plus vieux et les plus efficaces, car leur aspect métaphorique les rend convaincants. Ils attisent l'imagination et éveillent tous nos sens.

En résumé, les métaphores nous aident à comprendre les choses en profondeur, rapidement et facilement.

Cherchez ce que vous voulez. Changez votre manière de faire jusqu'à ce que vous obteniez ce que vous cherchez. Trouvez le sens dominant de votre interlocuteur et agissez en conséquence.

Lorsque vous ne savez pas comment aborder une situation, ne vous inquiétez pas. Préparez-vous à adapter votre approche en fonction des trois sens dominants. Soignez votre apparence pour les visuels. Après tout, près de la moitié des gens que vous êtes susceptible de croiser durant

L'ŒIL ET L'OREILLE

Malgré le bon café colombien et les croissants frais, les Duquesne ne passent pas un moment agréable en prenant leur petit déjeuner.

«Regarde-moi cette belle Maserati jaune ! s'exclame Jean. Tu nous imagines tous les deux foncer à bord de ce bolide sur la côte ?

– Pas vraiment, répond Liliane d'une voix glaciale. Tout ce que j'entends, c'est le bruit que feront les factures d'assurance d'une telle voiture en tombant dans notre boîte aux lettres. Tu ne m'écoutes jamais quand je te dis qu'il y a des choses plus importantes à payer.»

Jean sort de la maison fou de rage, mais cet après-midi, après le travail, il achète à Liliane une belle écharpe en soie multicolore en espérant retrouver ses faveurs. Une fois à la maison, il la trouve dans le salon et lui présente un magnifique paquet cadeau.

«En quel honneur ? lui demande Liliane en retirant l'écharpe de sa boîte. Tu as une bonne raison ?

«Une raison ? C'est juste une preuve d'amour, ma chérie, proteste Jean en se sentant rejeté.

– Une écharpe, bof», lâche Liliane avant de quitter la pièce.

Jean se laisse tomber sur le canapé, enroule l'onéreuse écharpe autour de sa main et la serre jusqu'à s'en faire blanchir les jointures.

la journée appartiendront à cette catégorie. Travaillez votre voix, développez un ton plaisant pour les auditifs. Enfin, soyez sensible et souple pour les kinesthésiques qui croiseront votre chemin. Bien évidemment, il en va de même si vous avez affaire à un groupe. En effet, il sera forcément composé de nos trois catégories, et vous devrez plaire à tous.

Que s'est-il passé ? Jean est un visuel. Il interprète le monde à travers ce qu'il voit. La Maserati jaune, sa vision du couple dans la voiture, l'écharpe multicolore. Liliane est auditive. Elle entend les factures tomber dans la boîte aux lettres, elle n'a pas l'impression que Jean l'écoute.

Peut-on sauver ce mariage (ou l'éventuel achat d'une Maserati) ? Bien sûr ! Deux billets pour le concert du groupe favori de Liliane, ce qui comblera ses sens d'auditive, lui plairont bien plus qu'une écharpe. Voilà comment Jean aurait dû agir s'il avait été plus sensible à la manière dont sa femme voit le monde :

«Je suis désolé, Liliane», déclare Jean d'une voix calme et profonde (et ce, après lui avoir donné les billets). Puis il lui parle en utilisant des mots auditifs.

«Écoute, une bonne discussion remettra un peu d'harmonie dans cette maison. Qu'est-ce que tu en dis ?»

Liliane acquiesce, elle a saisi tout le sens des mots employés.

«Est-ce que je t'ai dit que la Maserati ronronne comme un chaton et que les vitesses se passent si vite qu'on ne les entend même pas ?» demande-t-il gentiment. En plus, je ne te parle même pas des incroyables facilités de paiement.

– Je crois que, maintenant, je nous vois bien au volant de ce bolide, Jean, lui annonce sa femme, je comprends beaucoup mieux ce que tu voulais dire.»

Il y a quelques mois, j'ai donné une conférence lors d'un congrès d'entrepreneurs en bâtiment. Pendant mon exposé, j'ai utilisé le jeu de rôle (je jouais tous les rôles) pour illustrer les différences entre les visuels, les auditifs et les kinesthésiques. À la fin de mon speech, un grand type costaud mais soigné m'a pris à part. Il était dans un état émotionnel exacerbé et semblait sur le point de pleurer.

Après avoir secoué la tête de droite à gauche, il me dit : «Je ne sais pas quoi dire. Je crois que je vais aller chercher mon fils à l'école pour l'embrasser.» L'émotion semblait le submerger. «Pendant des années, j'ai pesté contre lui. Quand je lui parlais, il tournait la tête et regardait ailleurs. Cela me rendait dingue et je lui criais dessus : "Regarde-moi quand je te parle !" Il ne me regardait que très rarement droit dans les yeux lorsque je lui parlais. Après ce que vous avez dit, j'ai réalisé qu'il devait être auditif et qu'il ne m'ignorait pas en regardant au loin. Il tournait juste son oreille vers moi pour mieux m'entendre. Moi, je suis un visuel, j'ai besoin qu'on me regarde.» Il me serra la main et quitta la pièce.

C'est tout simplement incroyable. Il n'avait jamais compris ce qui était maintenant une évidence pour lui.

CHAPITRE 9

REPÉRER LES SENS DOMINANTS

Repérer le sens avec lequel une personne interprète le monde afin de s'en servir pour établir le contact, d'un point de vue personnel, social ou professionnel, peut avoir d'excellentes conséquences sur l'accueil que cette personne vous réservera. Ce chapitre a pour but de vous permettre de saisir les indices que sèment les autres à leur insu. Qu'ils soient visuels, auditifs ou kinesthésiques, ces signaux, une fois interprétés, nous seront précieux dans l'établissement de relations.

Lors d'un de mes séminaires, une femme d'une quarantaine d'années assise au deuxième rang m'a demandé d'une voix douce : «Vous pensez qu'il est difficile de mettre le doigt sur le sens dominant d'une personne ?»

Cette charmante personne était enveloppée dans un confortable manteau en laine et passait lentement ses doigts dans ses cheveux tout en parlant. Je l'ai remerciée pour sa question puis lui ai demandé de ne pas bouger. Étant apparemment de bonne composition, elle s'immobilisa.

«Je vais vous demander de répéter cette question exactement de la même manière, lui dis-je. Mais je veux que le reste de la salle vous observe. Cela ne vous dérange pas ?»

Elle acquiesça, marqua une pause et répéta sa question tout en se touchant les cheveux du bout des doigts. Un sourire collectif illumina le reste du public : les autres avaient compris où je voulais en venir. Ensuite, la dame elle-même remarqua ses doigts pris dans sa chevelure et se mit à rire.

Le choix de ses mots – «penser», «difficile» et «mettre le doigt sur» –, sa façon naturelle de s'exprimer, son manteau douillet, son visage plutôt rond et sa manie de se passer la main dans les cheveux étaient des indices évidents. Elle avait semé assez d'indications pour que le reste de l'assistance devine quel était son sens dominant.

Vous n'étiez pas là, certes, mais quel est, selon vous, son sens dominant ? Vous avez raison si vous pensez qu'il s'agit d'une kinesthésique.

Le profil d'un sens dominant

Chaque groupe présente des distinctions physiques et mentales, mais celles-ci restent subtiles, et on ne peut se fier qu'à des indications. Les visuels, les auditifs et les kinesthésiques sont de toutes formes et de toutes tailles. En effet, c'est d'individus que nous parlons, d'êtres uniques, dont les croyances et les valeurs, les opinions et les talents, les intuitions et les rêves sont sans limites. Nous sommes tous différents. Pourtant, nous avons des points communs enracinés au plus profond de nous. Les personnes privilégiant fortement un des sens traités dans ce chapitre partageront une même tendance sensorielle.

Un truc rapide :
Les visuels ont tendance à parler très vite.
Les kinesthésiques ont tendance à parler lentement.
Les auditifs se situent quelque part entre les deux.

Alors que vous prendrez conscience des différences entre ces trois groupes de personnes – visuels, auditifs et kinesthésiques –, ce qui vous semblait être subtilité deviendra évidence.

Peut-être avez-vous déjà acheté une voiture neuve ? Disons que vous avez opté pour une jolie petite Ford bleue. Original, non ? Pas vraiment, car dès cet instant, il vous semble voir des Ford bleues partout. Parce que vous avez commencé à y faire attention, vous les voyez à chaque coin de rue. Bien sûr, il y en avait autant avant que vous n'achetiez la vôtre, simplement vous ne leur prêtiez aucune attention.

Quand vous parviendrez à distinguer une catégorie d'une autre, il vous arrivera exactement la même chose. Les différences vous sauteront aux yeux, et pourtant, elles étaient déjà là.

Les visuels

Les visuels sont très sensibles à l'apparence des choses. Ils ont besoin de voir des preuves, d'avoir des témoignages avant de se faire une opinion. En tant que visuels, ils pensent en images et bougent les mains, comme pour toucher ces images en parlant. Ils visualisent facilement les choses, ce qui les aide à clarifier leur pensée et en fait des orateurs au débit très rapide. Parfois, ils sont dotés de voix monotones. Les visuels regardent fréquemment à droite et à gauche en parlant. En ce qui concerne leur garde-robe, ils

La télévision comme terrain d'entraînement

Les débats télévisés sont une bonne manière de tester vos talents de «débusqueur» de sens dominant, à l'inverse des émissions de variétés, où les gens se mettent sur leur trente et un, ce qui fausse l'exercice.

Coupez son volume et essayez de déterminer, par l'apparence physique, la gestuelle, les mouvements des yeux et les vêtements, si les personnes invitées sont visuelles, auditives ou kinesthésiques. Ensuite, remettez le son et faites attention aux mots employés, au débit du discours et au ton des voix.

Vous pouvez faire de même avec les interviews à la radio. Concentrez-vous sur les mots. Ces émissions radiodiffusées sont une mine d'informations sur les sens dominants. En outre, vous pouvez vous entraîner dans les bouchons, alors, prenez votre temps, et à vous de jouer.

ont tendance à être chics et impeccables ; ils aiment s'entourer de jolies choses. Physiquement, parce qu'ils prennent l'apparence très au sérieux, ils aspirent à être propres et soignés. Debout ou assis, ils tiennent toujours la tête et le corps bien droit.

Au travail, vous trouverez les visuels à des postes où l'on doit prendre des décisions rapides et sûres et où des procédures strictes doivent être appliquées à la lettre. Ils aiment avoir le contrôle, parce qu'ils pensent voir exactement comment les choses devraient être. Beaucoup d'artistes, mais pas tous, appartiennent à cette catégorie.

Les auditifs

Les auditifs répondent émotionnellement à la qualité du son. Ils apprécient les mots et adorent converser, mais pour capter leur attention, le ton doit être à leur convenance. Ils possèdent des voix fluides, mélodiques, sensibles, persuasives et expressives. Ils bougent les yeux en parlant mais font moins de gestes que les visuels. Lorsqu'ils bougent, c'est de droite à gauche, comme leurs yeux. Pour ce qui est des vêtements, ils pensent être bien habillés. Ils croient que leur choix vestimentaire met en valeur leur personnalité, ce qui n'est pas toujours le cas. Physiquement, ils se placent quelque part entre l'élégant visuel et le confortable kinesthésique.

Les kinesthésiques

Pour les kinesthésiques, les choses doivent être solides, bien construites et confortables. Leur voix et leur gestuelle sont plus douces et plus engageantes. Certains kinesthésiques ont tendance à parler incroyablement lentement et aiment ajouter une montagne de détails qui peut pousser visuels et auditifs à s'exclamer : «Par pitié, allez droit au but !» En fait, c'est le cas pour bon nombre d'entre eux. Cela vient du fait que les mots traduisent plus difficilement les émotions que les images ou les sons. En parlant, les kinesthésiques baissent les yeux, comme par pudeur. Ils aiment la texture des choses, et préfèrent donc des vêtements en fibres naturelles et aux tons neutres. Les probabilités sont fortes pour qu'un barbu soit kinesthésique. On retrouve les kinesthésiques dans les métiers manuels : plombiers, électriciens, charpentiers, fermiers, artistes, médecins ou employés dans l'industrie alimentaire.

Physiquement, on peut distinguer deux types de kinesthésiques : les athlètes, les danseurs, les gens de divers services d'urgence, les marchands et toutes les personnes pour qui le contact physique est d'une importance capitale, d'une part ; les personnes au grand cœur, sensibles, détendues et ayant les pieds sur terre, de l'autre. Ces der-

ALLER PLUS LOIN

La technique suivante est simple et très utile pour détecter un sens dominant. Commencez par poser quelques questions banales : «Vous vivez en ville ou en banlieue ?» Ensuite, après avoir obtenu une réponse, demandez : «Vous vous y plaisez ?»

Si la réponse est oui, demandez : «Qu'est-ce qui vous plaît le plus ?» (Si la réponse est non, demandez : «Qu'est-ce qui vous déplaît ?»)

Dès qu'on vous a répondu, allez plus loin. Une réponse comme : «Ce que je préfère, c'est le calme» peut être approfondie par la question : «Et quoi d'autre ?» Mais ne vous arrêtez pas là. Poursuivez vos investigations jusqu'à avoir assez d'indices pour déterminer le sens dominant de votre interlocuteur.

nières ont souvent un corps plus charpenté que la moyenne.

Accords et désaccords

Vous avez certainement remarqué que vos chances d'établir une relation amoureuse avec une personne qui vous ressemble sont grandes. Mais est-ce forcément une bonne idée ? Oui et non. Si vous souhaitez passer le reste de votre vie avec une personne qui vous est très semblable, la réponse est oui, mais c'est une autre histoire si vous voulez mettre du piment et de l'imprévu dans votre vie.

On me demande fréquemment si le vieil adage selon lequel les contraires s'attirent est vrai. La réponse est oui, sans aucun doute, dans la plupart des cas. Mais comment ? Par quoi des opposés sont-ils attirés ?

Tout d'abord, je vous rappelle que ce livre doit vous aider à établir des contacts et à vous faire apprécier. Que ces contacts et cette appréciation mènent à une amitié ou à une histoire d'amour, c'est à vous de voir. J'aime et je prends soin de nombreuses personnes, je leur fais confiance, mais toutes ne sont pas des amis et encore moins des partenaires. Tomber amoureux est une chose complexe. Le langage classique distingue trois catégories d'amour ou d'affection. En gros, on peut parler d'amour général, fraternel et sexuel. Lorsque ces trois catégories sont réunies, la relation s'en trouve fortement enrichie.

Selon moi (je ne me base sur aucune étude scientifique mais seulement sur l'observation de plus de 35 couples de ma connaissance qui vivent ensemble depuis plus de 20 ans et sont toujours aussi amoureux), il est vrai qu'une relation ayant duré plus de 20 ans présente un schéma sensoriel intéressant : les sens dominants de chaque membre du couple sont en complète opposition.

Vous vous souvenez que le test du chapitre 8 vous a permis de trouver votre sens dominant. Prenons mon exemple : chez moi, les A arrivent en tête, suivis des V et, enfin, des K. Un profil en complète opposition avec le mien serait KVA. Plaçons ces deux profils côte à côte :

A	K
V	V
K	A

La première ligne offre une opposition A et K, qui laisse présager piment et intérêt, et la deuxième une similitude avec deux V. La relation est soudée par un lien visuel commun, un subconscient sur la même longueur d'ondes. Néanmoins, la relation reste vivante grâce à l'opposition du A et du K comme sens dominant personnel.

J'ai remarqué que lorsque deux personnes ont en commun un sens dominant, qu'il soit visuel, auditif ou kinesthésique, cela les aide à passer les mauvais moments et à savourer les bons. Chaque sens commun se trouvant, selon mon classement, sur la première, la deuxième ou la troisième ligne, renforcera la relation, surtout dans les moments difficiles.

Indices verbaux

La seule chose à savoir en la matière est que les gens que vous rencontrez ont tendance à révéler leur personnalité par le choix de leurs mots. Écoutez attentivement ces mots et tenez-en compte lorsque vous décidez d'établir le contact.

Mots visuels

L'emploi d'un langage imagé et de métaphores – «Si on essaie d'y voir plus clair» «C'était le jour et la nuit» – est presque à coup sûr la marque d'un visuel.

Pendant toute une journée, concentrez-vous sur les phrases et les mots visuels utilisés par d'éventuels interlocuteurs. Gardez-les en mémoire jusqu'à ce qu'ils soient aussi limpides que les deux phrases citées plus haut. La liste de mots visuels ci-dessous vous aidera lorsque vous observerez les personnes se servant principalement de leurs yeux pour analyser le monde qui les entoure. Apprenez à manier efficacement ces termes visuels. Dans la conversation, faites l'effort de parler «en couleurs». Décrivez vos expériences avec passion afin que les autres puissent les visualiser.

Afficher	Apercevoir	Bonne mine
Analyser	Aspect	Brillant
Angle	Aveugle	Cacher

Clair
Clairement
Clarté
Coloré
Conception
Coup d'œil
Dévisager
Diagramme
Éclairer
Envisager
Esquisse
Examiner
Flou
Illuminé
Illusion
Image
Image mentale
Imagination
Imaginer
Inspecter
Inspection
Lueur
Lumière
Mauvais regard
Mise au point
Montrer
Noir
Oubli
Obscur
Observer
Paraître
Perception
Perspective
Portrait
Prévoir
Recul
Reflet
Regard
Regarder
Révéler
Scruter
Sombre
Témoigner
Terne
Vif
Vision
Voir
Voyant
Vue
Zoomer

LE LANGAGE VISUEL

Comment vous voyez-vous dans un an ?
Tout cela est un peu flou.
Je vois ce que vous voulez dire.
C'est un personnage haut en couleurs.
Ça se passe sous mes yeux.
Les perspectives sont bonnes.
Nous sommes des visionnaires.
On y voit plus clair.
C'est un peu vague.
Cela ne fait pas l'ombre d'un doute.
Je vous vois tout à l'heure.
Vous vous imaginez ?
Laissez-moi éclairer votre lanterne.
Pouvez-vous m'éclairer de vos lumières ?
Nous avons un avenir brillant.

Mots auditifs

Soyez à l'écoute des expressions et des mots auditifs qu'utilisent les autres en communiquant. Remplissez-vous l'esprit de ces conversations harmonieuses entendues à l'improviste jusqu'à en saisir toute la subtilité. Voyez comme les mots auditifs se placent d'eux-mêmes dans une phrase. Ouvrez vos oreilles à ceux et celles qui appréhendent le monde grâce à l'ouïe, et vous vous ferez comprendre clairement.

Accentuer
Annoncer
Appelez-moi
Articuler
Avoir de l'oreille
Bavardage
Bien informé
Bouche bée
Bruyant
Calme
Carillonner
Citer
Commérage
Compte rendu
Conversation
Crier
Débattre
Déclarer
Déclic
Décrire en détail
Demander
Dire

Discuter
Divulguer
Écouter
Entendre
Être à l'écoute
Expression
Façon de parler
Fort
Fracas
Franc parlé
Gémir
Grincement
Grondement
Harmoniser
Hurler
Mentionner
Message codé
Mot pour mot
Murmure
Ne pas être à l'écoute
Note
Parler

Perçant
Portée de voix
Proclamer
Prononcer
Question
Raconter
Remarquer
Résonner
Retentissant
Rugissement
Rumeur
S'exprimer
Sans voix
Silence
Silencieux
Sourd
Strident
Tintement
Ton
Vaine parole
Vocal

LE LANGAGE AUDITIF

J'ai déjà entendu ça quelque part.
Dites-m'en plus.
Est-ce qu'il vous a sonné les cloches ?
Il a donné un compte rendu satisfaisant.
L'harmonie règne enfin à la maison.
Ils m'ont accordé leur attention.
J'en suis resté bouche bée.
Ces couleurs sont criardes.
Je n'ai pas aimé le ton de sa voix.
Laissez-moi vous dire.
Expliquez-moi comment.
Une façon de parler.
Je veux que tout le monde exprime son opinion.
Il a reçu un tonnerre d'applaudissements.
C'est le même son de cloche.
Tenez votre langue.

Mots kinesthésiques

Les mots suivants, qui se rapportent au corps et aux sensations, sont monnaie courante chez les kinesthésiques. Laissez-vous envahir par les émotions jusqu'à contrôler leur flot. Surmontez tous les obstacles. Construisez les fondations sur lesquelles vous allez établir vos relations. Utilisez les mots concrets et touchants qui parlent à la sensibilité exacerbée des kinesthésiques.

Aiguiser	Concret	Embrouillé
Blesser	Connecter	Émotionnel
Bonne pensée	Contacter	Épine dans le pied
Casser	Contrainte	Étirer
Chaleureux	Démeler	Étourdi
Chaud	Doucement	Explorer
Clouer	Dur	Ferme

Fixer
Fondation
Froid
Geler
Insensible
Insupportable
Lié
Main dans la main
Mielleux
Modifier
Mouvement
Perdre prise
Pousser
Précipiter
Pressentiment
Presser
Pression
Rattraper
Rejeter
Remuer
Ressentir
Revenir à
Saisir
Sens dessus dessous
Sensible
Serrer
Solide
Sournois
Stress
Structuré
Suivre le flot
Superficiel
Supportable
Tâtonner
Tenir
Tension
Toucher
Troublé

LE LANGAGE KINESTHÉSIQUE

Qu'est-ce que cela vous fait ?
Il y avait quelques obstacles.
Je prendrai contact avec elle.
Il est tombé sur un os.
J'en suis tout secoué.
J'ai du mal à vous suivre.
Démêlons le problème.
On va s'en mettre plein les poches.
À vous de tirer les ficelles.
Elle a pris le problème à bras-le-corps.
Laissez tomber !
Je ne supporte plus cette pression !
C'est une épine dans le pied.
Gardez le contact.
Ne bougez pas d'ici.
Je n'arrive pas à mettre le doigt sur quelque chose de concret.
Partir de rien.
Faites-moi encore faire le tour de la propriété.
Je me sentais calme, détendu et maître de moi.
Explorons nos possibilités.

SIGNAUX VISUELS

Durant des années, j'ai photographié tellement de mannequins dans tellement de pays pour tellement de magazines de mode que je ne peux plus les compter. Souvent, ces mannequins ne parlaient pas ma langue. Lorsque vous ne travaillez qu'avec un visage, un cou ou des épaules (apprêtés, bien sûr, avec l'extraordinaire talent de coiffeurs, de maquilleurs et de stylistes), vous réalisez rapidement qu'outre de subtils mouvements de tête, toute la communication inhérente aux gros plans passe par l'expression du visage. Si vous voulez qu'un mannequin sourie, ne le lui demandez pas, faites-le sourire.

Pour stimuler le regard, il existe quelques mots codés qui semblent marcher dans toutes les langues. Pour qu'une personne lève les yeux au ciel puis les tourne de côté, il suffit de dire : «Pense à autre chose», et son regard ira naturellement d'un point à un autre. Des mots comme «secret» ou «téléphone» poussent à regarder à droite ou à gauche, vers les oreilles, alors que des termes comme «triste», «romantique» ou «pensif» provoquent en général un léger mouvement des yeux vers le bas.

Les créateurs de la PNL ont analysé et codifié les mouvements du regard. D'après leurs études, nous apprenons que le globe oculaire dispose de six positions distinctes, chacune correspondant à un sens et aidant soit à retrouver un souvenir, soit à élaborer une réponse.

Si vous demandez à un homme quelle est la couleur de sa chemise favorite, vous le verrez lever les yeux puis les tourner vers la gauche au moment où il visualisera sa chemise avant de vous donner sa réponse. Demandez à une femme quelle sensation lui procure la soie, et vous aurez des chances de la voir poser son regard au sol puis vers la droite alors qu'elle se souviendra de la sensation que procure la soie sur sa peau. Autrement dit, lorsqu'on leur pose une question, les gens ont tendance à regarder ailleurs pour trouver une réponse. La raison en est simple : ils se tournent vers leurs sens.

Concentrez-vous. Coupez le son de votre téléviseur pendant une interview et observez le regard de l'invité lorsqu'il cherche ses réponses après chaque question posée par l'animateur.

Avant de continuer votre lecture, posez une question à quelqu'un. Sans révéler vos intentions, regardez cette personne droit dans les yeux et demandez-lui une chose banale, du genre : «Qu'est-ce qui vous a le plus plu pendant vos dernières vacances ?» Observez son regard alors qu'il, ou elle, cherche ses informations. Cela vous donnera une bonne idée de la manière dont il, ou elle, va chercher ses réponses, c'est-à-dire par l'image, les sons ou les émotions. Les références constantes à un sens spécifique indiquent presque à coup sûr le sens dominant.

Les gens qui répondent aux questions en regardant en haut à droite ou en haut à gauche visualisent généralement leur réponse. S'ils regardent à droite ou à gauche (vers leurs oreilles), ils cherchent certainement des informations auditives. S'ils regardent en bas à gauche, ils essayent de retrouver leurs émotions, et s'ils regardent en bas à droite, cela révèle une sorte de dialogue interne. Les avis sur l'interprétation de ces signaux visuels sont partagés. Je pense, pour ma part, qu'elle est crédible et, ce qui est plus important, qu'elle permet de décoder le regard des personnes trop timides, celles qui ne peuvent regarder leur interlocuteur droit dans les yeux sans se sentir gênées.

Autre détail d'importance, il faut savoir que, quand nous regardons vers la gauche, nous nous rappelons une information, alors que lorsque nous regardons de l'autre côté, vers la droite, nous construisons cette information.

Rappelez-vous, lors d'une conversation, il peut y avoir plusieurs activités mentales en jeu. Voilà un exemple. Un type demande à une jeune femme si elle a vu le dernier film de Bruce Willis. «Oui, je l'ai vu», répond-elle en se revoyant dans la longue file d'attente au cinéma. Au même moment, elle se dit intérieurement : «Quelle plaie ce type. Est-ce que je le juge trop vite ? Non, il est chiant comme la pluie. Comment est-ce que je vais bien pouvoir m'en débarrasser ?»

«Vous voulez que l'on sorte ensemble samedi soir ?» lui demande-t-il.

Après avoir cherché un prétexte pour refuser, elle répond : «Ah non, je ne peux pas. Je dois, heu… je dois finir un rapport pour lundi matin.» Elle détourne le regard, car elle se voit alors assise devant son ordinateur portable.

Vous êtes un peu perdu ? Jetez un œil sur ce schéma :

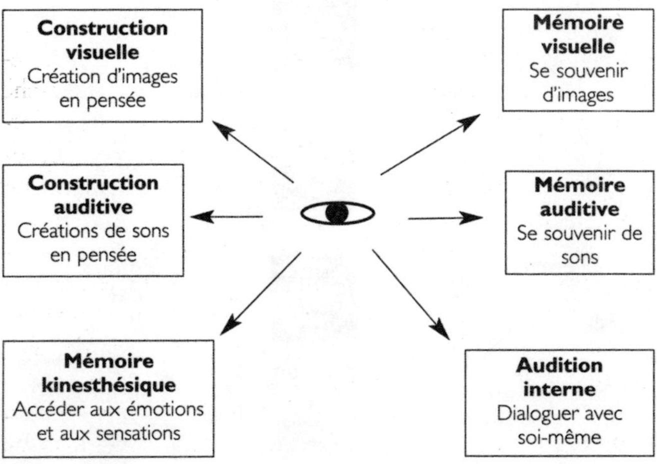

Exercice sur les signaux visuels

Tout est dans le regard

En vous servant du schéma de la page précédente, dessinez la position des yeux qui, selon vous, correspond à la réponse de chaque question posée.

Question	**Mouvement des yeux**	**Système de référence**
Quelle est la couleur de vos chaussettes ?		Mémoire visuelle
Pensez-vous qu'une veste verte vous irait ?		Construction visuelle
Vous rappelez-vous la mélodie de Purple Haze, de Jimi Hendrix ?		Mémoire auditive
Ça aurait l'air de quoi joué par des cornemuses ?		Construction auditive
Quelle sensation vous procure le sable sous vos pieds ?		Mémoire kinesthésique
À quoi pensez-vous en ce moment ?		Audition interne

Pour éviter toute confusion, imaginez ce diagramme collé sur le front de votre interlocuteur. Ne vous occupez pas de sa position réelle, à votre droite ou à votre gauche, imaginez juste que vous êtes face à face et observez ce diagramme. (Il faut savoir que ce schéma s'applique aux droitiers. Il faut également savoir que ces derniers composent 90 % de la population.)

Ces mouvements ne correspondent pas forcément à ceux de vos globes oculaires lorsque vous regardez une pièce ou un paysage. Ils n'ont rien à voir avec votre capacité à percevoir les choses. Vos yeux servent à deux choses : voir le monde qui vous entoure ; ouvrir les canaux de votre mémoire kinesthésique.

Lorsque vous commencerez à chercher des signaux visuels, le regard des autres semblera parfois vous fuir. Il vous faudra un peu de pratique pour déchiffrer ces mouvements.

Amusez-vous, laissez les choses suivre leur cours et, surtout, ne dites à personne ce que vous faites. Cela ne ferait qu'embarrasser votre interlocuteur. Gardez ces connaissances pour vous.

Le grand écran

Prendre en compte les signaux verbaux et visuels dont nous avons parlé dans ce chapitre est d'une importance vitale pour se connecter avec ses semblables par un contact planifié. Quand vous saurez reconnaître à quel type ou à quel groupe une personne appartient, vous serez à même de communiquer avec elle sur la bonne longueur d'ondes – visuelle, auditive ou kinesthésique.

De cette manière, vous gagnerez des heures, voire des années, sur le temps que vous auriez mis si vous n'aviez pas détecté son sens dominant.

LES VACANCES BIEN MÉRITÉES D'INGRID

Pour son quarantième anniversaire, Ingrid a décidé de s'offrir des vacances en Guadeloupe. Elle se promène dans son centre commercial habituel lorsqu'elle tombe sur une agence de voyages qu'elle n'avait jamais remarquée. Elle y rencontre Stéphane, le patron, et lui fait part de son projet.

«J'ai envie de partir loin d'ici, histoire de m'occuper un peu de moi pour une fois», dit-elle à Stéphane en s'asseyant devant son bureau. Elle arrange sa robe sur ses genoux et baisse les yeux sur la droite. «Je subis tellement de stress au travail qu'il me faut vraiment décompresser.» Elle soupire, croise les jambes, s'adosse à sa chaise et secoue légèrement la tête. «Cette tension au boulot me bouffe la vie !»

Stéphane est ravi. Une vente facile se dessine devant lui. Il s'enfonce dans son fauteuil, écarte grand les bras avant de faire claquer ses mains et de sourire à Ingrid.

«Eh bien, dit-il, j'ai les vacances de rêve qu'il vous faut.» Il fouille dans la pile de brochures qui se trouve sur son bureau. «Jetez un œil là-dessus, vous n'en croirez pas vos yeux !»

Il tend à Ingrid une brochure en papier glacé où figurent les habituels palmiers et ciel bleu, puis il reprend son discours sans attendre la réaction de sa cliente.

«Pas mal, hein ? Regardez la couleur de l'océan, une eau bleu turquoise. Regardez-moi ces belles villas avec leur toiture en tuiles rouges. Je vous vois déjà sur une longue plage de sable blanc.» Il regarde le plafond sur sa droite en imaginant la scène.

Ingrid retombe sur sa chaise, le cœur triste. Malgré les belles photos et les descriptions passionnées de Stéphane, jamais la Guadeloupe ne lui a paru aussi loin.

Quel est le problème ?

Vous l'avez sans doute deviné. C'est par ses sentiments qu'Ingrid voit le monde qui l'entoure. Faites attention aux mots qu'elle a employés : elle a envie de s'occuper d'elle. Elle veut décompresser, évacuer son stress et oublier la tension du boulot. Son vocabulaire, son intonation et ses gestes sont clairs. Elle baisse les yeux vers ses émotions. Ce qui est important pour elle, c'est de ressentir les choses.

Si Stéphane avait remarqué ces signaux, il aurait choisi un langage plus chaleureux et réconfortant. Voilà ce qu'il aurait dû dire :

«Je vous comprends parfaitement. Je sais ce que c'est que la tension au travail, et j'ai exactement l'endroit qu'il vous faut. J'y ai été moi-même. Le sable y est fin et l'eau à la température idéale ! Je ne vous dis que ça ! En plus, les lits dans ces villas sont vraiment confortables.»

Il aurait été sur la longueur d'ondes qu'utilise Ingrid depuis quarante ans.

Stéphane aurait dû suivre les quatre étapes d'un contact planifié pour se connecter avec sa cliente.

1) Adopter une «attitude vraiment utile» pour l'amener à son point de vue.

2) Se synchroniser avec son langage corporel et le ton de sa voix durant leur conversation.

3) Poser des questions ouvertes et écouter attentivement les réponses.

4) Détecter son sens dominant.

Développer un don pour reconnaître le sens dominant des autres implique de leur prêter une grande attention. Cela fait déjà de vous une personne plus sociable.

Les pages suivantes sont consacrées à un test écrit rapide qui vous aidera à consolider vos connaissances. Photocopiez-les ou écrivez directement sur le livre. Remplissez les colonnes sans consulter les chapitres précédents.

L'auditif passera cet exercice en se soufflant les réponses à l'oreille. Le visuel se représentera ses réponses en imagination avant de les écrire sur le papier. L'écriture vous obligera à utiliser les trois sens, et c'est la façon la plus rapide de mémoriser des informations qui vous serviront dans votre vie de tous les jours.

Une fois le test terminé, revenez aux pages précédentes afin de compléter vos réponses si besoin.

Les indices visant à détecter le sens dominant sont évidemment des généralités. Cependant, lorsque plusieurs généralités convergent, il y a de grandes chances que vous ayez mis le doigt sur le sens dominant d'une personne. Ce sera votre principal outil pour établir le contact et vous connecter avec autrui.

Physiquement, qu'est-ce qui les différencie ?		
Visuels	Auditifs	Kinesthésiques

Quelle différence y a-t-il dans le ton de leur voix ?		
Visuels	Auditifs	Kinesthésiques

Qu'est-ce qui différencie leur garde-robe ?		
Visuels	Auditifs	Kinesthésiques

QUEL CADEAU LEUR OFFRIRIEZ-VOUS ?		
Visuels	Auditifs	Kinesthésiques

CHAPITRE 10
RASSEMBLEZ VOS ATOUTS

Les gens sont attirés les uns vers les autres ; ils désirent ardemment communiquer, se faire aimer.

Ceux qui ont un don pour la communication ne parcourent pas le monde chargés d'une kyrielle de techniques et de compétences. Ils ne font que prendre ce qu'on leur accorde. Grâce à ce «laisser-faire» ou «laisser-venir», les gens, les choses et les événements passeront avec facilité dans votre vie. Là réside la différence entre ceux qui luttent et n'arrivent nulle part et ceux qui ont l'air d'en faire peu et qui ont tout.

Si vous appliquez à la lettre ce que vous venez d'apprendre dans ce livre, vous nouerez le contact avec vos semblables sans le moindre effort. Bien sûr, vous devrez vous entraîner, mais ce que vous venez d'apprendre sera bientôt pour vous aussi naturel que nager ou faire du vélo, deux autres compétences que vous avez acquises un jour où vous aviez confiance en vous, un jour où le doute n'existait plus.

Ce livre a pour objectif de vous amener à vous connecter avec votre plus précieuse richesse : les autres. Nous parlons d'établir une relation, de tisser un lien instantané avec eux au moment où nous entrons en contact mental. Vous avez vu que la communication est la corde qui lie la rencontre à la conversation, et que la qualité et la profondeur du contact que vous avez établi peuvent affecter votre réussite. Un contact peut arriver naturellement ou être planifié.

Nous avons compris que tout le sens de la communication est dans la réponse que l'on obtient, et que si la conversation touche au but espéré, cela peut nous mener très loin. En fait, tout cela n'est pas uniquement valable pour la communication, mais pour tous les aspects de notre vie.

Je vous rappelle les étapes qui s'enchaînent lors d'une rencontre : ouverture, regard, rayonnement, salut, installation. Vous êtes le premier à afficher un langage corporel ouvert, à chercher le regard de l'autre, à sourire, à dire bonjour et à vous installer pour commencer votre synchronisation. N'oubliez pas qu'en dégageant votre torse, vous montrez votre ouverture d'esprit.

Vous pouvez choisir votre attitude. Une «attitude vraiment utile» influence énormément la manière dont les autres vous perçoivent et vous aide à vous sentir bien dans votre peau. Vous savez que votre attitude vous rend crédible selon les trois V de la communication, autrement dit, lorsque vous adoptez une «attitude vraiment inutile» comme la colère, vous aurez l'air en colère, votre voix sera furieuse et vous utiliserez des mots rageurs, et il va sans dire que tout cela n'a rien d'attirant. À l'inverse, il est beaucoup plus facile d'être apprécié en adoptant une attitude vraiment utile, on peut même dire accueillante car, bien évidemment, vous aurez l'air accueillant, votre voix sera agréable et vous utiliserez des mots plaisants.

Nous avons étudié le langage corporel, ouvert ou fermé, et nous avons vu qu'avec les expressions du visage et la gestuelle, il représente 55 % de ce que nous communiquons. C'est pourquoi il contribue tant au succès de notre synchronisation lors d'un contact planifié.

Lorsque nous disons à quelqu'un : «Je vous apprécie», ce que nous voulons dire est : «Je suis comme vous.» Dans le cadre d'un contact planifié, nous n'attendons pas de voir si nous avons quelque chose en commun. Nous plaçons immédiatement notre langage corporel, le ton de notre voix et nos mots en état de synchronisation avec ceux de notre interlocuteur. Nous savons que nous avons inconsciemment été synchronisés toute notre vie avec les personnes qui nous ont influencés : nos parents, nos amis, nos professeurs. Il est aussi naturel et aisé de se synchroniser avec les autres afin qu'ils se sentent à l'aise avec nous.

Souvenez-vous, les questions sont de véritables générateurs de conversation, et nous les classons en deux catégories : ouvertes et fermées. Les questions ouvertes vous ouvrent le cœur des gens, ce qui est le véritable but de toute conversation. Vous avez vu qu'en répondant physiquement et émotionnellement à votre interlocuteur, vous remettez constamment la balle en jeu. La conversation sert à décrire vos expériences aux autres. Plus cette description sera vivante, plus vos mots seront colorés, mieux vos interlocuteurs pourront imaginer et partager vos expériences et, en conséquence, développer ce lien que vous avez volontairement créé.

Vous avez appris, à votre grande surprise et avec joie, que chaque personne que vous rencontrez ou que vous connaissez déjà vous présente un puzzle émotionnel. Les autres sont-ils sur une longueur d'ondes visuelle, auditive ou kinesthésique ? Vous avez commencé à percer à jour leur manière de percevoir le monde.

En fait, même si vous ne parvenez pas à appliquer correctement les méthodes apprises dans ce livre, vous êtes tout de même sur la bonne voie. Vous êtes devenu actif avec les gens, et non réactif ou passif. Rien de mal ne peut en découler ; vous n'avez rien à perdre. Vous observez attentivement les expressions et le langage corporel de vos semblables, vous écoutez leurs mots, vous observez leur regard, vous leur répondez et vous créez une conversation. Vous êtes un actif, et ils ne peuvent que vous aimer pour cela, du moins si vous affichez une «attitude vraiment utile».

Par où commencer ?

Laissez-moi vous dire encore une fois que tout cela n'a pas pour objectif de vous créer une nouvelle vie. Je ne vous ai pas donné de baguette magique avec laquelle taper sur la tête des gens pour qu'ils vous adorent dans l'instant. Ce ne sont que des outils pouvant vous aider à établir rapidement un contact.

Nous avons passé en revue les quatre étapes nécessaires pour qu'on vous apprécient en moins de 2 minutes : l'attitude, la synchronisation, la conversation, le sens dominant. Perfectionnez n'importe laquelle de ces étapes, et vous améliorerez d'autant votre capacité à communiquer efficacement et rapidement. En apprenant à les incorporer à vos conversations, vous remarquerez vite à quel point les résultats seront de plus en plus probants.

Vous savez pourquoi vous vous connectez naturellement avec certaines personnes et non avec d'autres, et depuis que vous avez commencé votre lecture, vous avez certainement déjà amélioré vos relations au travail et à la maison. Vous abordez les gens avec une confiance et une sincérité renforcées, et vous appréciez chaque nouvelle expérience. Vous avez réalisé que vous possédiez déjà la plupart des compétences nécessaires pour communiquer naturellement.

En utilisant fréquemment les outils dont je vous ai pourvu au long de ce livre (l'image que vous projetez avec votre attitude vraiment utile, la sincérité et le charisme que vous transmettez avec vos salutations, l'empathie engendrée par la synchronisation, l'habileté à reconnaître le sens dominant de votre interlocuteur), vous parviendrez aisément à établir le contact et à faire en sorte que les gens vous apprécient en moins de 2 minutes.

Si je devais classer ces quatre étapes par ordre d'importance, je placerais l'attitude vraiment utile en premier pour sa faculté à créer le bien-être chez les autres et vous-même. L'attitude est contagieuse, et elle vous précède. Votre attitude met en lumière votre langage corporel, votre voix et les mots que vous utilisez. Vous remarquerez une amélioration immédiate de vos rapports avec autrui lorsque vous commencerez à contrôler votre attitude. Inversement, une attitude mal contrôlée se retournera contre vous tout aussi rapidement. L'attitude peut attirer comme elle peut repousser.

En deuxième lieu, je citerais sans hésiter l'incroyable pouvoir de la synchronisation. Comme vous l'avez vu, elle fait partie de notre masque naturel ; nous nous synchronisons naturellement avec nos proches. Lorsque vous rencontrez quelqu'un et que vous souhaitez établir un contact rapide, commencez à vous synchroniser immédiatement. Cela vous paraîtra bizarre au début, à moins que vous n'ayez suffisamment d'entraînement avec notre exercice de synchronisation à trois. Si c'est le cas, vous ne pourrez plus vous en passer. Il ne vous faut que deux ou trois jours pour travailler, voire maîtriser, cette technique. Après tout, vous avez fait cela toute votre vie, d'une manière ou d'une autre, avec vos proches.

En améliorant vos talents d'orateur et en encourageant les autres à vous parler sans retenue, vous réussirez à déterminer leur sens dominant. Ne vous pressez pas. Vous rappelez-vous certaines cartes qui circulaient au début des années 1990 ? On y voyait de drôles de schémas, et, lentement, le regard révélait une image en trois dimensions. Il en va de même lorsqu'on découvre un sens dominant. On observe, on cherche, on ne remarque rien puis, en se concentrant sur son interlocuteur, on le voit d'un autre œil, parce qu'un rapport subtil et profond s'est établi au niveau du subconscient, là où se concrétise la véritable unité. Pour découvrir le sens dominant d'une personne, il vous faudra plus de 2 minutes, mais vous pourrez alors approfondir grandement vos relations avec cette nouvelle connaissance.

Vous voilà à une réunion, et vous venez juste de rencontrer Sylvie Clairoux, qui dirige le bureau où vous désirez travailler. Le début de la conversation est agréable, chaleureux, sincère et respectueux. Votre attitude vraiment utile et votre ouverture d'esprit vous ont permis de réussir votre entrée en matière. Comme il y a sept personnes à cette réunion, vous vous synchronisez avec son langage corporel, mais en évitant de la regarder trop souvent dans les yeux. Son subconscient a compris. Vos regards se croisent, elle vous sourit poliment, vous faites de même et Bingo ! Vous vous êtes entraîné toute la journée et vous avez remarqué, grâce à sa robe, le choix de ses mots, les mouvements de ses yeux et la tonalité de sa voix qu'elle était probablement auditive. En parlant, vous vous synchronisez avec sa tonalité et vous utilisez des mots auditifs («Je n'en crois pas mes oreilles», «Chaque membre de l'équipe a crié haut et fort son opinion»). Comment cette étrangère pourrait-elle ne pas vous apprécier alors que vous agissez, bougez et parlez comme elle ? À la pause, vous la prenez à part.

«J'aimerais que vous m'en disiez plus sur cette proposition.

– Ne nous sommes-nous pas déjà rencontrés ?

– Je crois qu'elle t'aime bien», vous dit votre petit doigt.

CONTACT SUPPOSÉ

En écrivant ce livre, j'ai considéré que je vous aimais, vous, mon lecteur, que j'avais besoin de vous, que vous aviez besoin de moi, et je ne pense pas m'être trompé. C'est ce qui me pousse à continuer d'écrire. Nous avons besoin l'un de l'autre, et c'est la véritable base de nos rapports. En ce moment même, nous sommes en connexion.

Grâce au pouvoir de l'imagination, nous sommes capables de faire d'utiles suppositions. Nos cinq sens nous apportent tant d'informations qu'il nous est impossible de tout analyser consciemment. Au lieu de cela, nous rangeons ces informations dans trois compartiments distincts. La plupart d'entre elles sont effacées de notre esprit. Par exemple, vous ne prenez conscience de votre pied gauche que lorsque je vous en parle, et vous n'avez probablement aucune idée de la manière dont vos ongles poussent. Une deuxième partie de l'information est déformée. Vous en nourrissez votre imagination, et vous jouez avec en rêvant de vos prochaines vacances ou en vous rongeant les sangs à l'idée que la pile de votre alarme doit être déchargée. La dernière partie est stockée sous le label des généralisations ou des suppositions. Quand vous avez vu une poêle, vous pouvez supposer que le truc en métal sur la plaque électrique de votre voisin avec un long manche et des crêpes dedans est une poêle. Vous n'avez pas besoin de redécouvrir ce que c'est. Votre cerveau fera une supposition justifiée. Au mieux, les suppositions aident à apprendre, au pire elles mènent à des jugements partiaux, injustes, limités et dangereux. Si votre imagination déforme l'information pour vous éloigner de vos semblables, il faut que vous réalisiez que cette imagination vous trompe en vous fournissant des suppositions négatives sur les gens, des suppositions fondées sur votre expérience passée. Dans ce cas, l'imagination mène la danse, et le score est imagination : un ; vous : zéro.

Contrôlez votre imagination. Prenez-la pour ce qu'elle est – un véhicule du plaisir – et utilisez-la pour créer des suppositions vraiment utiles. Voici quelques trucs pour vous y aider. Après les avoir lus, fermez les yeux et laissez faire votre imagination.

Supposez que vous rencontriez d'autres personnes et que la confiance soit partagée.

Supposez que vous aimiez ces personnes et qu'elles vous le rendent bien.

Imaginez que vos techniques de communication (établissement du contact, synchronisation) marchent à merveille.

Supposez qu'on vous accorde le bénéfice du doute et que vous en fassiez de même.

Supposez que ce que vous avez appris dans ce livre marche pour vous parce que cela a marché pour des milliers d'autres personnes.

Supposez que vous apportiez un changement dans la vie des gens que vous rencontrez.

Supposez que ce changement soit positif, non seulement pour leur vie mais pour toute la communauté.

Supposez qu'une communauté en phase avec elle-même soit un creuset où l'on s'encourage, se soutient et se protège les uns les autres.

Les gens qui communiquent vivent plus longtemps. Les gens qui communiquent obtiennent de l'aide. Les gens qui communiquent évoluent. Ensemble, nous nous élevons et nous tombons. Ensemble, nous nageons et nous coulons. Ensemble, nous rions et pleurons, et quand tout a été dit et fait, ce sont encore les autres qui rendent nos mauvais moments moins pénibles et nos bons moments plus agréables.

UNE PARABOLE MODERNE

Récemment, j'ai donné beaucoup de conférences dans des universités. Bon nombre d'étudiants recherchant des emplois d'été ou des jobs à mi-temps, ils ont besoin d'aiguiser leurs compétences en matière de communication pour faire bonne impression et décrocher un boulot. Je n'oublierai jamais celui qui m'a subitement coupé la parole.

«Hé ! Moi, j'ai passé des tonnes d'entretiens et on m'a jamais embauché, se plaignit-il. J'ai essayé les épiceries, les supérettes, les bureaux…»

Les étudiants autour de lui se mirent à ricaner, et on pouvait facilement comprendre pourquoi. Ce jeune homme portait un pantalon militaire déchiré et un T-shirt sur lequel le mot Rance (c'est le nom d'un groupe de trash-punk) était écrit en grosses lettres. Son oreille gauche était percée de trois anneaux et il en avait un quatrième dans le nez. En plus de cela, il portait une crête verte de vingt centimètres de haut sur la tête.

«Qu'est-ce que vous voulez ? lui ai-je demandé.

– Ben, un boulot, qu'est-ce que vous croyez ?

– Avez-vous déjà pensé à changer pour l'obtenir ?

(Il me lança un regard mauvais, les bras fermement croisés sur la poitrine.)

– Changer quoi ?

– Eh bien, votre apparence, par exemple, lui dis-je en me penchant vers lui.

– Alors là mec, pas question, brailla-t-il. S'ils aiment pas mon apparence c'est de la discrimination !

– Regarde, je vois où tu veux en venir, dis-je (c'était un visuel). Mais on sait tous les deux comment ce monde fonctionne. Alors qu'est-ce que tu veux ? Le boulot ou ta coupe de cheveux ?

Il y eut un long silence. Finalement, il décroisa les bras et leva les yeux au ciel.

– Le boulot, j'pense», murmura-t-il.

Quelques étudiants rirent de bon cœur. Lentement, il commença à rire lui aussi, puis nous nous sommes tous mis à rigoler. C'est aussi simple que ça !

À PROPOS DE L'AUTEUR

Ancien photographe de mode et de publicité de renommée internationale, Nicholas Boothman s'est rendu compte que son travail avec des clients comme AT&T et Revlon consistait avant tout à établir un contact avec ses sujets. Voulant en savoir plus sur la manière dont les gens communiquent entre eux, il mit ses appareils photo de côté et obtint un diplôme de docteur en programmation neuro-linguistique (PNL). Aujourd'hui, il partage ses connaissances en apportant aux autres des outils de communication très efficaces. Il donne des conférences et des séminaires sur trois continents. Lorsqu'il ne voyage pas à travers le monde, il vit au Canada avec sa femme Wendy et leurs cinq enfants.

Vous pourrez communiquer avec lui
sur l'Internet grâce à son site
www.nicholasboothman.com.

Table des matières

Préface 7

Première partie
Le premier contact

Chapitre 1
Le pouvoir des autres 12
Les avantages de la communication 13
Communiquer pour augmenter son espérance de vie 13
Communiquer pour favoriser la coopération 14
Communiquer pour se sentir bien 15
Communiquer et aimer 15
Face à face 16
Les bienfaits de la sympathie 17
Pourquoi moins de 2 minutes ? 18

Chapitre 2
Premières impressions 21
La rencontre 22
Les salutations 22
Exercice de présentation : Diffuser son énergie 24
La poignée de main 26

La prise de contact 26
Communiquer 28
Et après ? 30

DEUXIÈME PARTIE
MOINS DE 2 MINUTES POUR UN CONTACT

Chapitre 3
Il y a quelques chose chez cette personne que j'aime vraient beaucoup 34
Contact naturel 35
Contact occasionnel 37
Terrain d'entente 38
Contact planifié 39

Chapitre 4
Tout est dans l'attitude 41
Une attitude vraiment utile 42
Une attitude vraiment inutile 43
C'est votre choix 44
Exercice d'attitude : Déclencher d'agréables souvenirs 48

Chapitre 5
L'action est plus parlante que les mots 50
Le langage corporel 50
Langage corporel ouvert 51
Langage corporel fermé 53
De la gestuelle 54
Séduire 55
Cohérence et crédibilité 56
Messages contradictoires 58
Exercice de crédibilité: Les mots et le ton 60
Être soi-même 62

Chapitre 6
Qui se ressemble s'assemble 64
Synchronisation naturelle 65
L'art de la synchronisation 67
Le tyran 71
Synchroniser votre attitude 73
Être naturel 74
Synchroniser votre langage corporel 75
Exercice de synchronisation 77
Synchroniser votre voix 79

TROISIÈME PARTIE
LES SECRETS DE LA COMMUNICATION

Chapitre 7
Parler est une chose, écouter en est une autre 84
Poser des questions 85
Rencontres opportunes 88
Obtenir des renseignements 93
Louper le coche 94
Écouter attentivement 96
Prendre et donner 97
L'art du compliment 98
Parler en couleurs 99
Exercice de tonalité 100
Éviter les pièges 101
Se rendre inoubliable 102
Une impression tenace 105

Chapitre 8
Donner un sens à nos sens 106
Visuel, auditif ou kinesthésique ? 108
Faites le test :
Quel est votre sens dominant ? 111
S'adapter à un sens dominant 113

Utilisez les métaphores 115
L'œil et l'oreille 116

Chapitre 9
Repérer les sens dominants 119
Le profil d'un sens dominant 120
La télévision comme terrain d'entraînement 122
Les visuels 121
Les auditifs 122
Les kinesthésiques 123
Aller plus loin 124
Accords et désaccords 124
Indices verbaux 126
Le langage visuel 127
Le langage auditif 129
Le langage kinesthésique 130
Signaux visuels 131
Exercice sur les signaux visuels :
Tout est dans le regard 134
Le grand écran 135

Chapitre 10
Rassemblez vos atouts 143
Par où commencer ? 146
Contact supposé 149
Une parabole moderne 151

À propos de l'auteur 153

3675

IMPRIMÉ EN FRANCE PAR BRODARD ET TAUPIN
27833 - La Flèche (Sarthe), le 04-01-2005.

pour le compte des
Nouvelles Éditions Marabout
D.L. n° 55704 - février 2005
ISBN : 2-501-03742-1/Éd.06